DESPIERTE, ACTÚE, Y TRANSFÓRMESE

¡LÍDER!

Despierte, actúe, y transfórmese

Abel Salas

INSTITUTO PARA EL DESARROLLO DEL LIDERAZGO

Número de Control de la Biblioteca del Congreso de EE. UU.:   2019901769
ISBN: Tapa Dura   978-1-5065-2800-7
                   Tapa Blanda   978-1-5065-2802-1
                   Libro Electrónico   978-1-5065-2801-4

Información de la imprenta disponible en la última página.

Fecha de revisión: 14/02/2019

Para realizar pedidos de este libro, contacte con:
Palibrio
1663 Liberty Drive, Suite 200
Bloomington, IN 47403
Gratis desde EE. UU. al 877.407.5847
Gratis desde México al 01.800.288.2243
Gratis desde España al 900.866.949
Desde otro país al +1.812.671.9757
Fax: 01.812.355.1576
ventas@palibrio.com
791975

CONTENIDO

PREFACIO

"Los hombres somos el resultado de lo que creemos ser;
si pensamos que no podemos lograr algo, así será;
pero si estamos convencidos de que sí podemos,
entonces lucharemos por desarrollar las capacidades
que necesitamos, aunque al principio no las tengamos".

Gandhi

Reafirmo mi convicción de construir un mundo mejor con personas que marquen la diferencia en todo cuanto hacen y que realmente deseen despertar, actuar, transformarse y evolucionar hacia niveles de vida -personal y profesional- que trasciendan sus propios objetivos y metas a fin de contribuir a la preservación de la humanidad.

Cuando obtuve el premio Awards 2014, como presidente del Instituto para el Desarrollo del Liderazgo, me pregunté: ¿Qué es lo que realmente hay detrás de este tipo de reconocimientos? ¿Por qué una organización mundial como la Latin Business Association toma en cuenta a líderes de una empresa familiar como la nuestra? Las respuestas no se hicieron esperar: capacidad de liderazgo, innovación en sus servicios, espíritu de servicio de sus líderes, valor agregado en todo lo que hacen en consultoría y en procesos de desarrollo del talento humano, además, la responsabilidad social que asumen al tener un punto de vista que profesa la transformación desde las personas para hacer cosas diferentes en todos sus ámbitos y así ayudarlas a que cumplan la misión organizacional.

Es el resultado de creer "que la diferencia entre lo posible y lo imposible es del tamaño de su actitud"; que es posible alcanzar lo que hay dentro de nosotros mismos y dentro de las personas que quieran hacer diferencia para generar un ambiente productivo y constructivo donde se busque mejorar, atreverse, sobresalir y servir a los demás en cualquier negocio o actividad de su escogencia.

En este libro ¡Líder! Despierte, Actúe y Transfórmese, encontrará dos grandes temas relacionados con el liderazgo: el primero de ellos es de liderazgo transformacional; el otro sobre creación de equipos de trabajo. Esos dos grandes temas se distribuyen en seis capítulos cargados de experiencias para aquellas personas que quieran ser excepcionales al trabajar con pasión, que quieran equivocarse, tropezar y aprender: ser capaces de vivir en paz donde quiera que se encuentren.

Este libro está escrito por alguien que se ha equivocado muchas veces, que ha tropezado, se ha levantado, ha innovado; que es amante de enseñar y de ayudar a las personas a aprender cómo vivir, cómo amar y cómo servir de la mejor manera, marcando siempre la diferencia.

Dios hace maravillas en nosotros y, conmigo, no ha terminado aún. Sigo en el camino del aprendizaje, guiado por sus pasos y por todo aquello que alumbra el camino de la enseñanza, para, así, contribuir a desarrollar el talento de las personas, ayudándolas a descubrirse de una manera diferente.

He sido bendecido al tener un notable equipo de colaboradores en el Instituto para el Desarrollo del Liderazgo, IDL. S.A. Su experiencia y juventud totaliza casi 20 años de estar al servicio de los demás. Tenemos un núcleo sólido que, donde quiera que vaya, representa muy bien a la empresa. Unos vienen, otros se van; algunos se quedan largo tiempo para su propio crecimiento y desarrollo futuro. Los que ya no están con nosotros, hoy se encuentran en grandes compañías con muy buen suceso. Reconocemos en todos ellos un enorme potencial, pues responden a niveles y parámetros de gestión sumamente elevados y ejemplares. Este resultado de éxito no es posible sin el apoyo de la familia que ha asumido su responsabilidad de acompañar, tanto para alcanzar resultados así de exitosos, como para apoyar en todos los momentos de los que se reviste la vida: los más adversos, los más felices o los de triunfos alcanzados.

Por eso este nuevo libro es un gran reto. Está cargado de experiencias que van mucho más allá de la teoría. Usted decide si lo lee para cumplir con un requisito en su empresa, con una tarea universitaria, con un hábito de lectura o –quizá- solo por curiosidad; bien puede tomarlo para emprender el vuelo, actuar, despertar y reinventarse. Usted representa su propio potencial para la transformación. Reinventarse o transformarse es posible. Busque a alguien que le pueda ayudar. No deje que le roben la esperanza de hacer algo diferente. Le daré ideas y pasos para transformarse o reinventarse: ¿Qué tal si lo intenta?

En algunos pasajes de este libro cuento mi propia historia, además de narrar experiencias de otras personas con vivencias muy cercanas. No es un recetario, por el contrario, presenta muchas ideas para el análisis de esa búsqueda de la mejora o de la innovación… la idea es que usted pueda hacer la diferencia. Habla de un líder transformacional, ese que profesamos en nuestra filosofía de vida; un liderazgo que procesa pensamientos y acciones diferentes con una visión compartida. También se propone una fórmula para hacer crecer a los equipos de trabajo.

Acerca del formato

En el primer capítulo se ilustra una amplia reflexión de lo que es un líder transformacional y de cómo se actúa para serlo, a partir de su propia transformación, impactando así a los otros y a las organizaciones. En este primer capítulo encontrará ideas para hacerlo.

El segundo capítulo muestra la pasión del líder, su motor, la gestión desde adentro, esa misma que genera inspiración y contagio. Esa pasión que tenemos y muy pocos vemos a la hora de alcanzar objetivos y metas. Es una reflexión desde un nuevo prisma para observarse a través de su propio reflejo.

El tercer capítulo menciona el sentido humano del líder desde su corazón. Amar a las personas, ese don maravilloso de servir, pensar y actuar en favor de las personas. Siempre hay alguien que nos da la mano para ayudarnos a despertar.

El cuarto capítulo habla de la transformación de las personas como punto culminante de este proceso. Me atrevo a desafiar la sabiduría convencional con el "cambio", el cual, de acuerdo con los avances en todos los campos, se ha convertido en algo rutinario. Todos hablan del cambio y lo sobrevaloran. Algunas personas creen transmitir algo importante cuando dicen a otras que están en un "proceso de cambio". Hoy se dice que todo cambia. Que el cambio es diario. Si es así entonces, vale la pena preguntarse: ¿será el cambio algo rutinario?, ¿se habrá instaurado en nuestra zona de comodidad y por eso sentimos que ya nada cambia?, ¿habrá sido superado el cambio por la innovación, la evolución o la transformación?

En ese frenesí de nuestros días, todo es más vulnerable y efímero y eso -en el liderazgo- es importante, dado que hablamos de innovación, de reinvención, de transformación y de evolución; eso se siente, se transpira como uno de los anhelos y valores más preciados. Todo se ha diseñado para ser variable. Hoy no solo construimos redes tecnológicas, sino que también de personas, son relaciones dentro de un mundo más global. Las distancias otrora largas, hoy son cortas. Esto, para un líder, debe ser igual en relación con las personas que tiene a la par, sin distancias, obstáculos ni bloqueos.

En este capítulo se invita a la reflexión para que las personas se atrevan a escalar un peldaño más allá del cambio: el de la transformación. Esto es lo mismo que pedirles que superen el cambio y se atrevan a la transformación, a la innovación o a la reinvención. Que a mí me digan que debo cambiar, me parece rutinario, más de lo mismo, nada nuevo. Conozco muchas historias acerca del cambio. En ese sentido, cambiar por cambiar, no tiene ningún mérito. Lo que se requiere, entonces, es reconceptualizar el cambio y, quizá, debiéramos empezar por aceptar que hoy nada dura. Aunque nos rehusemos a aceptarlo, porque pensamos que es ir en contra del desarrollo, el acelerado ritmo de vida pone en riesgo hasta las tradiciones, porque la tendencia es la novedad. Por eso, hay que concebir eso que llaman "cambio" desde una perspectiva muy diferente. No se sorprenda o no se extrañe de lo que digo; si lo hace, no se resista. El mundo de las organizaciones demanda resultados de las personas y, para alcanzar esas expectativas, estas tienen que pensar de modo diferente.

De acuerdo con lo anterior, sus resultados deben ser extraordinarios, brillantes. Lea bien lo que le estoy diciendo y el mensaje que quiero darle. Le hablo de resultados extraordinarios, excepcionales y brillantes. De manera que, para alcanzar la transformación, nos encontramos ante un gran desafío. En ese sentido, me atrevo a decir que la clave está en creer que se puede dar más de lo ordinario. Podemos ser extraordinarios y excepcionales si así lo queremos; ser brillantes no es una meta inalcanzable, con ello se trasciende la excelencia, lo cual, a su vez, nos permite evolucionar en planos que van más allá del personal.

Esto se entiende como la *"transformación o mejora de las cosas que usted hace para desarrollar o, lo que es igual, transformarlas en nuevas"*. Dicho de otra manera, se requiere de un USTED diferente, que no sea más de lo mismo ni en lo personal ni en lo profesional. Se espera que sea una persona reinventada y transformada, una persona excepcional. Y bien, ¿cómo se logra eso?

En el quinto capítulo se le brindan opciones, se desarrolla el tema de la FÓRMULA DEL EQUIPO y la gestión del líder en los equipos de trabajo; además, se aborda el tema con el FACTOR "INTEGRAR" para hacer crecer un equipo de trabajo. Se retoma ese tema, pues que se considera que aún falta mucho camino por recorrer en las organizaciones, donde el desafío es lograr una adecuada gestión de parte de los líderes en sus equipos de trabajo.

En cada uno de esos capítulos, se hace una reflexión personal y se dan diferentes razones de cómo despertar hacia mejores niveles de trabajo, a través de la transformación de los estilos de gestión. Comparto con usted la fórmula y el método INTEGRAR para abordar más acertadamente el desarrollo de equipos de alto rendimiento.

En el sexto capítulo se hace referencia a la transformación de un equipo de trabajo. Al igual que en el anterior capítulo, en este, se precisan más ideas acerca de cómo y cuáles elementos considerar para encauzar a los equipos de trabajo hacia otro nivel ejerciendo su liderazgo.

Al final de cada capítulo se propone un momento para la reflexión y la asimilación de la temática abordada, al que he denominado "PARA NO OLVIDAR". En ese apartado, usted podrá hacer sus anotaciones y, en algunos casos, hasta responder a las preguntas que se le hacen. Lo que se pretende con ello es facilitar la comprensión y la aplicación del material que usted ha leído.

Este libro persigue algo más que la sola lectura, tiene un sentido interactivo con el lector, a quien invita al análisis y no dejar que caiga en desuso la buena práctica de escribir aquello que ha sido asimilado. De esa manera, el lector podrá incorporar aquellas ideas que le puedan ser de utilidad en su vida profesional y personal.

Finalmente, espero que disfrute su lectura. Pretende ser muy práctica. Da ideas que en algún momento de su vida podrían marcar la diferencia al permitirle dilucidar esa borrosa línea que diferencia lo ordinario de lo extraordinario y al cambio de la transformación.

Pregúntese: ¿Puedo influenciar, inspirar, contagiar y accionar a las personas y a las organizaciones hacia la transformación? ¿Cómo puedo reconocerlo?

Cuando usted influencia, inspira y contagia, sentirá una adrenalina diferente a la que genera la pérdida de control. Es una energía que habita en usted, que fluye de manera diferente. Haga que ese momento, cuando la sienta, sea el momento de transformación en su vida; sea el momento de su brillantez, de sus resultados extraordinarios, sea ¡cuando usted despierta! Es una especie de poder, algo difícil de explicar, mejor que eso, lo invito a sentirlo.

Si usted está consciente de esto encontrará la forma de lograrlo. Todas las ideas contenidas en este libro son en resultado de muchas experiencias de vida personal y empresarial. Estas siempre buscan la transformación de líderes, quienes con humildad y pasión están al servicio de los otros.

¡Espero le sean útiles!

Abel Salas M.

PRESENTACIÓN

Desde el título de esta obra, Abel Salas invita a un minucioso viaje de retadoras reflexiones sobre la naturaleza del liderazgo y su influencia en la transformación de las organizaciones. Tal como él nos narra, sus padres le inspiraron una actitud de servicio que ha sido una constante en su propia experiencia del liderazgo en diversas etapas profesionales y áreas de proyección empresarial.

Este viaje inicia con la gerencia de uno mismo; o sea, el autoconocimiento para identificar talentos y valores que dan dirección a la influencia en los demás. La sección "Despierte" es un llamado a equiparnos para transformar, no simplemente para cambiar. Escuchar la conciencia, la voz interior y ser consecuentes es fuente de inspiración basada en la autenticidad. La anécdota del gerente del hotel "botoneando" resume cualidades de líderes que hacen de la humildad la clave para que otros quieran hacer las cosas que el propio jefe hace.

Luego de ese "despertar" sigue el segundo pilar que es "actuar" para orientarse a resultados. Abel enfatiza que desde el liderazgo se pueden dejar huellas relevantes siempre que haya pasión por una visión. Actuar incluye aprender de otros y facilitar el crecimiento de quienes rodean a los líderes. Así, el crecimiento personal hacer crecer a los demás, creando un legado de alta y duradera transformación.

Cuando las raíces del liderazgo nacen en profundos principios espirituales el alcance de la influencia es mayor. Con el consejo de "tomarse un café con uno mismo" el autor invita a asumir una actitud reflexiva sobre la misión y la visión personal integral. Exhorta a que ese propósito sea servir con sentido humano, dialogando con el yo interior sobre la autenticidad de las intenciones para ejercer el liderazgo transformacional y no simplemente transaccional.

"Transfórmese", propone Abel, para referirse a un tercer pilar hacia el liderazgo. Al debatir "cambio versus transformación" nos incita a cuestionar qué estamos logrando realmente en nuestro entorno y en quienes nos acompañan en las organizaciones. Ninguna visión se concreta sin un empoderamiento, una autonomía y una voluntad para convertirla en realidad. Al igual que en las secciones "Despierte" y "Actúe", Abel nos expone frente a una exhaustiva guía de comportamientos ideales de líderes para que cada lector profundice su propio análisis y concluya con un mapa de ruta agregar cada vez más valor a su vida y a la de quienes le acompañan en la transformación de organizaciones o comunidades.

En la segunda parte del libro somos invitados a poner en contexto el liderazgo, a llevarlo a equipos. El autor propone su fórmula para desarrollar equipos exitosos:

Familia + Carácter + Brillantez + Compromiso = Resultados

Aliado con su propia experiencia como gerente de empresas, coach deportivo y dirigente social, Abel nos conduce a una nueva escala en este viaje. Nos sitúa en el corazón de lo que sucede en equipos impactados por líderes capaces de hacerlos crecer. Cada componente de la fórmula es explicado con ejemplos, vivencias y reflexiones que sirven de espejo a quienes deseen evaluar sus propios equipos e incrementar su transformación sostenible.

Desde su pragmática perspectiva nos induce a analizar setenta y tres preguntas sobre competencias de líderes en el desempeño de funciones tradicionales de planificación, intensificar la ejecución, inspirar compromiso, promover análisis o pensamiento crítico y activar la orientación a resultados. Cada una de esas preguntas permite a los lectores obtener conclusiones sobre áreas para mejorar e inspirar transformaciones.

Finalmente, Abel nos deja con la analogía de un gran equipo como aquel que tiene una misma respiración pese a la diversidad de sus miembros. Esta unión se logra cuando sus líderes realizan tareas motivacionales, funcionales y técnicas que son descritas es la última sección de esta valiosa guía del viaje desde la gerencia de uno mismo a la gerencia del equipo.

La inspiración colectiva hacia una nueva visión sucede por medio de una alta calidad de relaciones entre los miembros de una organización dirigida por quienes "despiertan, actúan y se transforman."

German Retana; Ph.D.

AGRADECIMIENTO

Este libro llega a sus manos inspirado en las enseñanzas de muchas personas en el ámbito nacional e internacional, son ellas quienes lo han hecho posible. De todas ellas he aprendido mucho, han dejado en mí un legado de enseñanzas y, sin que lo supieran, me han permitido ordenarlas y plasmarlas en ingredientes inspiradores.

A lo largo de tantos años de servicio, hubo muchas personas: empresarios, gerentes generales, gerentes medios, consultores, profesores universitarios, entrenadores deportivos; todos brindaron su valioso tiempo para darme consejos y para compartir conmigo sus anécdotas personales, sus experiencias; hombres y mujeres que cada día abrigan, como yo, la esperanza de un mundo mejor.

No puedo citarlas a todas, pero merecen especial agradecimiento las personas que me brindaron su gran apoyo en diversos aspectos de este proyecto, son quienes se aseguran de que los ingredientes no pierdan su propósito: Álvaro López Lince, Rafael Robles, Dwight Pezzarrosi,

Álvaro Sáenz Renault, Francisco Hidalgo, Eduardo Fernández Rojas, Emilio Winnants Ponzoni, Orlando Chitiva, Cipriano Torres Torrentes, Gustavo Bado, Ricardo Matarrita, Luis Bermúdez, Marco Vinicio Blotta Zamora, Alexandre Borges Guimaraes y Edel Guerra Palacios.

También estoy profundamente agradecido por la ayuda de las señoras empresarias: Ana María Franco, Ana Beatriz López Franco, Ana Isabel Aguilar, Ana Guiselle Rosas de Vallarino, Rocío Chacón Espeleta, Anita Yolanda Oviedo, Carol Solano Durán y Shelena María Salas Mora.

He tenido la dicha de que la idea de transformar personas haya estado acompañada de jóvenes que han reflexionado conmigo: Percival Aguilar Zúñiga, Alonso Rodríguez Víquez, Yamili Porras Porras, Angelino Montilla e Isidro Jiménez.

Como siempre, los miembros de mi familia me dieron como regalo la motivación y la inspiración de ser mejor cada día. A mi padre José Manuel Salas Araya, mi mentor y fuerza durante toda una vida; a mis hijos Eduardo, Fernando y mi hija Laura Salas Ayub quienes han sido fuente permanente de frescura e inspiración.

La persona que merece mi mayor aprecio y reconocimiento por su apoyo, paciencia, amor y tolerancia, es Marianella, mi bella esposa, quien ha sido fuente constante de fortaleza y disfrute, en nuestros negocios y en la vida con nuestros hijos y nietos. A ella dedico este libro.

Aprecio profundamente todos los esfuerzos, consejos y apoyo que me brindaron a lo largo de todos estos años, mi gratitud es inconmensurable, por brindarme la oportunidad de seguir haciendo, cada día, el trabajo que amo y distruto.

A todos, mi eterno agradecimiento. ¡Que Dios bendiga!

DEDICADO A

A mi esposa
MARIANELLA AYUB DOBLES,
guía, compañera, socia y amiga fiel.

CAPÍTULO 1

¡Despierte!

LIDERAZGO
PARA LA TRANSFORMACIÓN

"Sepamos ser libres no siervos menguados"
Juan F. Ferraz

1.1 Breve reseña histórica

House (1977) planteó el concepto de liderazgo carismático.

Más tarde, en una innovadora decisión, en el año 1978, James MacGregor Burns, introduce el concepto de liderazgo transformador en una investigación descriptiva sobre dirigentes políticos, al establecer dos conceptos: el liderazgo transaccional y el liderazgo transformador.

Ya en 1985, Bernard M. Bass propuso el cambio de liderazgo transformador a transformacional y, basándose

1

en los trabajos de House y Burns, planteó un método para medir el grado en que los líderes ejercían el liderazgo transformacional, de acuerdo con la influencia que ejercían sobre sus seguidores.

Desde entonces, Bass y sus colaboradores (Avolio, Waldman y Yammarino, principalmente), han ido construyendo esta teoría del liderazgo transformacional cuyo concepto -como ya se mencionó- fue introducido inicialmente por Burns en el año 1978, el cual dice que el *"liderazgo transformacional" puede ser visto cuando* líderes y seguidores trabajan juntos para avanzar a un nivel más alto de moral y motivación. A través de la fuerza de su visión y de la personalidad, los líderes transformacionales son capaces de inspirar a sus seguidores para cambiar las expectativas, percepciones y motivaciones para trabajar en pro de objetivos comunes.

Bernard M. Bass (1981) desarrolló las ideas originales de Burns y elaboró lo que hoy se conoce como *"Teoría del Liderazgo Transformacional de Bass"*. Según él, el liderazgo transformacional puede ser definido con base en el impacto que tiene sobre los seguidores al ganar su confianza, su respeto y la admiración de quienes los siguen.

Pero, probablemente, la mayor aportación de Bass al estudio del liderazgo transformacional es la determinación de los cuatro componentes que diferencian dicho tipo de liderazgo del Carismático y del liderazgo Transaccional. Estas características son:

Estimulación intelectual. El líder transformacional no se limita a desafiar el *statu quo* dentro de una organización, sino que fomenta de forma intensiva la creatividad entre sus seguidores, alentándolos a explorar nuevas formas de hacer las cosas y nuevas oportunidades en beneficio de la empresa.

Consideración individualizada. El liderazgo transformacional implica, a su vez, mantener líneas de comunicación abiertas con los seguidores, tanto de forma individual como colectiva. De este modo se asegura que se compartan nuevas ideas, así pueden surgir productos o creaciones que, de lo contrario, hubieran quedado sin desarrollar. En ese sentido, estos mismos canales de comunicación permiten a los líderes un reconocimiento directo a sus seguidores, motivándolos y fomentando su proactividad.

Inspiración y motivación. Gracias a su clara visión, los líderes transformacionales tienen la capacidad de articular a sus seguidores. De ese modo, logran transmitir su motivación y su pasión, lo que desemboca en empleados más proactivos y comprometidos con la organización.

Influencia idealizada. El líder transformacional se erige como un modelo para sus seguidores. Estos quieren emularlo como consecuencia de la confianza y respeto que han depositado en él.

Una vez definidas dichas características, apoyados en estas, se puede afirmar que el liderazgo transformacional es aquel que mayores beneficios reporta a las organizaciones cuyos objetivos sean fomentar la creatividad y la innovación entre sus colaboradores, para con ello mejorar o mantener su nivel competitivo. Es gracias a estas contribuciones que pueden desarrollarse nuevos líderes transformacionales bajo otras ideas dentro de la organización, ya que el liderazgo es una cualidad que, aunque en ocasiones es intrínseca, puede desarrollarse y ser entrenada.

Por otro lado, en este nuevo siglo, Jim Collins (2001), en su libro "Good to Great: Why Some Companies Make the Leap... and Others Don't", propuso varios niveles de liderazgo dentro de los cuales se encuentra el liderazgo de nivel1, nivel 2, nivel 3, nivel 4 y el nivel 5, que es la suma de los anteriores, más un nuevo elemento. Para efectos de nuestros ingredientes me interesa destacar de este auto la mezcla de humildad personal y voluntad profesional que realiza en este nivel: "Un verdadero líder deja atrás su ego para enfocarse en el equipo al que pertenece y trascender en conjunto; sabe que el éxito no llegará sin el valioso talento de las personas". Una de las ideas más importantes de esta teoría es que los líderes buscan sucesores. Este pensamiento va más allá, pues está orientado en el beneficio individual y en el de la organización, lo cual conlleva a que sea un líder modesto, maduro y capaz de asumir responsabilidades.

Un verdadero líder, según Collins (2001), busca que la visión del equipo trascienda a al punto de preparar a todos los integrantes para ser capaces de sustituirlo en determinado momento. Esto permitirá dar seguimiento a los proyectos que lo conducirán hacia la consecución de los objetivos planteados.

Estos autores me dan el insumo para desarrollar y fortalecer, en la práctica, el tema del liderazgo transformacional con un corazón dispuesto, mucha curiosidad y una mente abierta al diálogo; además, soy consciente de que esto es un proceso que requiere de tiempo y apertura para aprender mientras se avanza.

1.2 ¿Potenciar la acción o crear el futuro?

Corría el año 1975 cuando empecé, formalmente, una relación laboral. Tenía un jefe, había una estructura jerárquica y en la oficina compartía con compañeros que aún hacían estudios en la universidad del Estado. Con ellos tuve la oportunidad de desarrollar funciones de apoyo a la formación de jóvenes y a la realización de procesos que modificaran el statu quo de estos en sus comunidades. Desde muy joven y con amplio apoyo de mi madre Zulay, siempre, me sentí estimulado a buscar nuevas alternativas o formas de pensar. Esto me costó -en muchas ocasiones- ser considerado "rebelde", lo cual inició en mi infancia y se ha mantenido hasta la actualidad.

Empecé desde muy joven a relacionarme con personas que se distinguían por buscar nuevas formas de mirar y hacer. No tenía ventaja alguna

> Si transforma su pensamiento, cambiarán SUS resultados.
>
> Lou Tice.

en experiencia, conocimiento o sentido del liderazgo. Se nacía líder y punto, si no lo eras, estabas teóricamente condenado a la penalidad del fracaso. Lo anterior, tiene su origen en mi infancia, una época en la que pude observar muy de cerca el desempeño de mi papá como secretario del Club de Leones local. Entonces, las personas acudían a él en busca de alguna ayuda; mi mamá, por su parte, participaba de las organizaciones locales, desde donde también brindaba su apoyo a los demás.

Ese mundo me comenzó a gustar debido al tipo de relaciones que se formaban entre los dirigentes comunales. Estaba en el "mundo feliz" de los grandes.

1.3 ¡Póngase las pilas!

A mis 15 años nos trasladaron de mi querida Turrialba, provincia de Cartago, a la capital de Costa Rica, San José. Esto significó un cambio radical en mi forma de pensar y de actuar, en esa época, mis hermanos y yo llegamos a un ambiente que no era el nuestro. Descubrí que las oportunidades estaban por todas partes, no se requería ser un mago para verlas. Mis nuevos amigos estaban felices como estaban. Yo deseaba ir más allá de jugar fútbol cada tarde en mi nuevo barrio en Sabanilla de Montes de Oca. Me dediqué a hacer algo más que deambular por la calle: ¡me puse las pilas", busqué nuevas alternativas de apoyo comunal y -con la ayuda de mis padres y otras personas- "revolucionamos" el barrio donde mis nuevos amigos vivían tranquilos "viendo pasar los buses". Me tocó conformar y presidir el primer grupo juvenil cristiano de nuestro pueblo. También, con la ayuda de varias personas, entre los que estaban amigos de comunidades alejadas, le dimos vida al primer coro en la iglesia católica, tuvimos un equipo de baloncesto en segunda división, aprendimos a "coger café", y a compartir sanamente en las noches con mis amigos; podría decir que teníamos una agenda cargada de ilusiones sirviendo a otros. En esa misma línea, es posible que, sin saberlo, mis primeras experiencias de trabajo en equipo hayan comenzado cuando fundé un conjunto musical en los años setenta, del cual también yo formaba parte. Hoy, agradezco a mi mamá por haber revestido mi juventud de paciencia, tolerancia y apoyo. Ella se esmeró por mantenerme fuera de la burbuja, además, me enseñó a ver los obstáculos como razones para buscar nuevas oportunidades. Es así como, desde muy temprana edad, me encontré apoyando proyectos comunitarios que me requirieron ver más allá de la caja, darme cuenta de que los problemas esperaban por una solución y había que encontrarla.

A inicios de los ochenta, recién regresaba de mi primera experiencia como funcionario internacional, donde había servido en el Programa de las Naciones Unidas, en República Dominicana, cuando me incorporé al movimiento cooperativo como jefe de una Unidad de Desarrollo Organizacional, de una Federación de Cooperativas que dejó de existir hace ya casi 20 años. En este puesto de trabajo, junto con un grupo de excelentes profesionales de trabajo, encontré problemas tan variados, dada la situación que sucedía en torno a las cooperativas, que se hacía perentorio permanecer en constante estado de alerta. Era una época cargada de retos que, a su vez, nos proveía de oportunidades de aprender a resolver, como siempre, yo buscaba y encontraba las soluciones.

Más tarde, descubrí que tenía mucha facilidad para escribir, así que comencé a profundizar en la organización cooperativa, acerca de la cual publiqué mi primer libro llamado "La Empresa Cooperativa: su organización". Este es un tema común en la actualidad, sin embargo, en aquella época, daba para que se pensara: "Ese rebelde de nuevo se sale de lo establecido y será acusado de hereje, de loco y de traidor a las cooperativas", porque sus pensamientos ortodoxos se oponían a que las cooperativas fueran catalogadas como empresas. Hoy todos sabemos lo que son este tipo de organizaciones. Se rompió el paradigma unido al término "cliente" que también se utiliza en el libro.

Ninguna de estas historias se compara con los vertiginosos cambios que caracterizan este siglo XXI, que obliga a ser diferente, a pensar diferente y a mirar siempre las oportunidades que se presentan en este "caos amenazante", para algunos; lleno de grandes oportunidades, para otros.

En ese panorama, los líderes saben cuándo entrar en diálogo con su interior, practican el arte de escuchar; eso les permite ayudar a que otros desarrollen su potencial. El verdadero liderazgo obra en cadena, las personas que impactamos podrán influenciar positivamente su familia, su empresa y la comunidad y el país que las contiene, etc. El camino del crecimiento implica, eso sí, no perder el contacto consigo mismo, la buena escucha propicia nuestro crecimiento con humildad, prudencia y pasión.

1.4 Liderazgo sin posición

Así como estas cortas experiencias, el mundo está cargado de infinidad de personas con anécdotas que estimulan la búsqueda de nuevas oportunidades. Estas personas son conocidas hoy como líderes transformacionales. Los líderes así, en la mayoría de los casos, casi nunca son noticia en los periódicos ni en la televisión; no son galardonados, no aparecen en las revistas ni forman parte de un equipo "selecto" de ciudadanos de un país.

Son aquellos líderes que no ostentan altas posiciones jerárquicas en las empresas ni están en organismos locales de tipo político o de desarrollo comunal. Posiblemente en su lápida solo se leerá su nombre, su día de nacimiento y el de su muerte. Son aquellos líderes que han dejado un legado y solo vemos sus obras, sus resultados, que hacen que las cosas sean posibles y no esperan nada a su favor. No son aplaudidos y, posiblemente, no tienen oficina, tampoco ejercen su poder para ganarle a otro.

Sencillamente son personas que sirven y se dan a otros, inspiran, contagian y movilizan. Quizá son aquellas personas que trabajan intensamente sin hacer mención a teorías o modas organizacionales. Aquellos que tienen una visión y la comparten. Personas que predican con su vida, sus valores. Son personas que transforman cualquier tarea que se les encomiende hacer.

Liderar con el don del servicio

La historia que va a leer representa mucho el espíritu que queremos reflejar en cada letra de este capítulo. La he llamado "Botoneando" que es una de las tareas que realiza una o varias personas en un hotel.

Hace tiempo tuve la oportunidad de disfrutar de unos días de descanso en un hotel de un hermoso país. Dispuesto a regresar a la capital, salí a buscar mi vehículo al parqueo. De camino, me encontré al gerente general con unos huéspedes recién llegados. Él conducía uno de los carritos de transporte de personas.

Algunos días atrás, había tenido la oportunidad de conocer a esta persona y de conversar con ella, en distintas ocasiones, acerca de diversos temas. Me pareció una persona muy agradable, de buen trato y excelentes relaciones interpersonales con sus colaboradores. Se notaba a simple vista el respeto y cariño que le tenían.

Antes de subir a mi vehículo comencé a hacer preguntas a algunos colaboradores sobre algunas cosas que me llamaron la atención de este estilo de hacer gerencia. Lo primero que les pregunté fue: ¿Cada cuánto conduce el carrito el gerente y a qué clase de huéspedes transporta? La respuesta fue concreta: "Cada vez que puede nos ayuda. Toma su tiempo para estar con nosotros. Le gusta "botonear", esto es apoyar el trabajo de los botones del hotel, así como lo hace con las personas de mantenimiento, restaurante y otros grupos del hotel". Entonces, me pregunté: ¿y eso, a qué se debe?

Después de esta conversación pude concluir que él basa su éxito y eficiencia organizacional en las personas y es en ellas que ha edificado una base sólida para poner en práctica la gestión de su negocio. Su legado no solo está cimentado en el cumplimiento de los objetivos, de las metas y en las utilidades del Hotel, sino también en la búsqueda persistente de la calidad de vida de sus colaboradores, es decir, invierte en su propia vida, en la vida de los demás y comparte su tiempo de diferentes maneras. Es una persona que empodera, genera un espíritu de responsabilidad compartida y confianza mutua inspirando a las personas que laboran en esta empresa para que demuestren y practiquen los valores empresariales, entre ellos la integridad, la honestidad, la honradez y el trabajo en equipo. En ese contexto, ha modelado a cada colaborador lo que puede hacer para enriquecer su vida y la de la empresa".

En cada frase pronunciada por estas personas, con respecto a su gerente, destacan a un líder orientado a servir a las personas, caracterizado por adecuadas relaciones interpersonales, una fuerte motivación hacia el logro, alguien a quien le gusta ayudar y apoyar a su gente. Se siente cercano a esta, está en su terreno y en cada una de ellas desea tener una extensión de sí mismo y que estos, a su vez, contagien a sus clientes.

Entonces, vale la pena que usted se pregunte cómo es usted con sus colaboradores, cómo actúa su superior con usted, y cómo actúan los líderes en su organización.

Sobre ese mismo gerente, una de las cosas que más llamó la atención fue el que sus colaboradores me dijeran que "él quiere que nuestros clientes actúen y se sientan como nosotros: felices, llenos de vida, amantes de la naturaleza y que disfruten cada momento de su estadía en nuestro hotel".

Como ha podido leer, la labor del líder en el mundo actual requiere una mentalidad más abierta, capaz de ir más allá de sí mismo y de las condiciones de su organización, de las personas que colaboran con él y, sobre todo, debe ser capaz de escucharse a sí mismo. Un líder que escucha es un líder que sabe darse, hace el bien a otros y con ello facilita la trasformación de esos otros, por tanto, podrá ser más y hacer más. Está en el terreno y se dedica a la gente, está con las personas y para las personas, no tras ellas –controlándolas– ni por encima de ellas.

En virtud de lo anterior, hay que dar a otros algo de lo mucho que se tiene. No se guarde nada, ¿para qué? En su última morada de nada le servirá. Sea generoso, mayordomo de unos y de otros. Darse es disfrutar de su conocimiento y práctica, es compartir sus valores, la visión de sí mismo y su experiencia.

Por tanto, para quienes promueven la transformación, el aprendizaje es continuo, en esa misma medida, ellos promueven el desarrollo de las personas y organizaciones, el de aquellos que ocasionalmente desean "empaparse" acerca de cómo liderar un proceso de transformación organizacional empleando todo su potencial para alcanzar un servicio que marque la diferencia.

Cuando un líder se escucha, aprende tanto de los éxitos como de los "fracasos", los cuales, incluso, son percibidos por este como oportunidades de mejora. La escucha se convierte en un ingrediente esencial, en una guía de acciones y actividades en ese proceso de liderar la transformación de sí mismo y de las organizaciones, aunque no es ninguna fórmula mágica.

1.5 La magia del líder transformacional

La magia del líder de servicio transformacional está en su interior, donde confluyen su estilo de vida, su filosofía de liderazgo, su fe y la manera como asume sus retos: con espiritualidad y consciente de que él es la esperanza de un mañana mejor. En ese sentido, su enfoque es participativo y de responsabilidad compartida; de enseñanza y aprendizaje. Siempre será un aprendiz, en temas de liderazgo, dispuesto a aprender de otros. Esto me permite evocar una anécdota de la Madre Teresa de Calcuta (1910-1997), misionera de origen albanés naturalizada en la India, de quien, las personas que la seguían, destacaban que su verbo era un reflejo de su don de servicio, su magia inspirada por un ser supremo. Ella misma era el mejor ejemplo en cada cosa que hacía. Entre algunos de sus proverbios encontramos algunos de los que se puede extraer lo afirmado por sus seguidores, a saber: *"No debemos permitir que alguien se aleje de nuestra presencia sin sentirse mejor y más feliz"*. *"No puedo parar de trabajar. Tendré toda la eternidad para descansar"*.

Esta líder siempre vio que podía mejorar generando su propia brecha entre el presente y el futuro; inspiraba a crecer para alcanzar otros niveles.

Por tanto, un líder de servicio para la transformación organizacional es:

"Una persona que cada día influye en las personas; aquella que vive su visión, la transmite e inspira a otros; contagia, acciona y sirve de ejemplo en todo lo que hace haciendo posible el éxito".

Como comprenderá esta definición tiene varios componentes que son claves para un líder y que se resumen en lo siguiente:

INFLUENCIA, INSPIRACIÓN, CONTAGIO y Acción

Recordemos que los líderes se encuentran en cualquier ámbito de la organización y de la comunidad. En una de mis conversaciones personales con Robin Sharma, excelente escritor y amigo, comentamos acerca de que el liderazgo no tiene nada que ver con títulos académicos ni posiciones jerárquicas dentro de cualquier firma u organización. De acuerdo con eso, para liderar y servir a otros en una transformación organizacional hay que tener la capacidad de influenciar personas, inspirar sueños y metas, contagiar ideas y visiones y accionar pasos firmes y persistentes. Además, ese líder debe saber hacia dónde se dirige y hasta dónde pretende llegar; qué resultados desea alcanzar, es decir, contar con una visión, un objetivo o una meta bien claros y que los comparta. Eso es lo más importante… que lo comparta.

Se da la transformación de servir cuando este líder despierta para:

"Hacer que las cosas sucedan, *interpretar siempre su mejor sinfonía; inspirar a otros a ser mejores hombres y mujeres donde quiera que se encuentren y que hagan de su vida su mejor obra de arte, dejando a su paso un legado a través de cada cosa que han hecho, han tocado e incluso interpretado, con precisión, calidad y pasión. Este líder es aquella persona que supera su tonada y se extiende –más allá de sí mismo– hacia el horizonte –más allá de su corazón– toca el de sus seguidores, despertando en ellos la pasión por vivir al máximo su transformación"*

¡Despierte!
Para no olvidar…

Responda las siguientes preguntas…

1. ¿Hay otros niveles más allá de estos cinco niveles?

2. ¿Hay liderazgo más allá de lo transformacional?

3. ¿Qué debería tener este líder?

4. ¿Qué debe hacer este líder?

5. ¿Cuáles deberían ser sus atributos y habilidades?

6. ¿Cuáles son sus características?

7. ¿Es posible la transformación de seguidores y equipos de trabajo?

8. ¿Será que estamos ante una nueva forma de ver y vivir el liderazgo con la firme convicción de que la vida es genial ante el gran salto hacia la innovación?

9. ¿Es posible que el nuevo liderazgo, más allá de la transformación, nos comprometa a reinventarnos a fin de mejorar a las personas en su conjunto?

CAPÍTULO 2

¡ACTÚE!

VIVIR CON PASIÓN LA TRANSFORMACIÓN

"No sigas por donde el camino conduce…
busca por donde no hay camino y deja tu propia huella".
Sidharta Hamlar

2.1 Pasión

La pasión se refiere a todo aquello que mueve a los líderes a alcanzar los resultados y la transformación deseados; es el motor que conduce a las personas a salir de las zonas

> *Para hacer posible*
> *lo imposible, hay*
> *que cambiar*
> *de actitud.*

de comodidad. No es nada externo, es una parte de su propio ser, capaz de transformar la energía que usted posee para moverlo a otro nivel, a uno superior.

Su motor, esa capacidad de transformar, necesita de un combustible llamado pasión. Esa fuente de energía deriva en nuevas formas de trabajar y de innovar, que, paralelamente, hacen crecer su organización o comunidad. Está en el lugar donde usted puede dejar una buena huella, allá donde se promueven grandes hombres y mujeres. Donde se puede aprender a reconocer la grandeza si usted reconoce y maneja sus defectos. Y que esté ahí depende únicamente de usted. Un camino que pocos alcanzan. Una actitud distinta que marca la diferencia, haciendo más, obteniendo mejores resultados, incluso con vastos o pocos recursos.

2.2 Usted, enemigo de su pasión

He tenido la oportunidad de estar frente a líderes que se hicieron grandes llevando a cabo, en determinado momento, una sobresaliente labor, pero luego se estancaron, no evolucionaron, se quedaron en sus momentos de gloria. Se volvieron sus propios enemigos. Se les acabó el combustible que movía en otras épocas su motor interior. Enmudecieron y perdieron la visión frente al desarrollo de la organización.

El primer ejemplo de este tipo de **"enemigos"** es el de un líder, en el ámbito nacional, cuyo estilo es democrático. Querido por mucha gente, como principal de su organización, tiende a ser permisivo y participativo con los ejecutivos que él mismo ha contratado, quienes en algunas ocasiones se le han salido de control.

En su forma de hacer las cosas, selecciona las tareas y las prioridades y las comparte, pero luego no les da seguimiento. Presupone que sus colaboradores lo hacen. Tampoco le da continuidad a sus propias decisiones ni a las de los demás. Por otra parte, asume lo que ellos hacen mal, escudándose en el hecho de que las decisiones, sean estas buenas o malas, apropiadas o poco atinadas, fueron tomadas bajo su responsabilidad y, consecuentemente, la responsabilidad no recae en ellos, sino en él.

Esto ha provocado que sus principales colaboradores caigan en conductas evasivas o, peor aún, que algunos miembros de su equipo no estén en capacidad de asumir su parte del trabajo, lo cual conlleva a resultados no deseados.

Este líder se encontraba en su zona de confort y creía que todo iba bien. Al realizar un análisis de equipos de alto desempeño con los ejecutivos que dependían de él, de cómo se sentían y era la situación actual de su organización, surgieron las siguientes respuestas:

"Los miembros del equipo ejecutivo no tienen una visión integrada y no tienen una perspectiva clara de hacia dónde deberían ir a mediano plazo y mucho menos a largo plazo. Se insiste en lo que hoy hacemos y tenemos (corto plazo) producto del pasado y del presente institucional, pero no hay una visión estratégica clara que marque el rumbo de la organización. Se vive el día a día sin un norte común. No hay alineamiento estratégico, dado que hay unidades que trabajan por separado, con su propio norte y son muy pocos los vínculos comunes que tienen con las unidades estratégicas superiores. El alineamiento no existe".

Según lo anterior, no existe una planificación estratégica integrada dentro del equipo: visión, misión, objetivos, metas y estrategias que unifiquen criterios de hacia dónde se debería ir y en qué plazos. Existen planes operativos derivados de un plan anterior en las diferentes unidades, los cuales se encuentran en ejecución, pero carecen de una articulación estratégica para el trabajo entre equipos.

Esta forma de trabajar ha producido desgastes innecesarios, la comunicación no fluye, no se logra la integración de ideas; se trabaja de manera individualista y eso dificulta un adecuado seguimiento de las actividades institucionales estipuladas a mediano y a largo plazo. Aunado a lo anterior, hay actitudes personales de algunos de los miembros de este equipo que no contribuyen a definir un norte común, de acciones compartidas. Los miembros de este equipo tienen conocimiento de estas deficiencias, pero no las incluyen en la agenda de reuniones ejecutivas; mucho menos se las dicen a su líder.

Asimismo, son conscientes de que se navega en contra del tiempo, que los desafíos son grandes y que esas disfuncionalidades dificultan aún más una adecuada gestión de los equipos de trabajo.

No cabe duda de que la situación descrita pone de manifiesto que la gestión de este líder estaba cargada de necesidades de mejora, pues la mayoría de las acciones debilitaban su gestión;

las situaciones, cualesquiera que sean, se enfrentan con lentitud, lo cual influye en que el proceso se torne más arduo y tedioso. No se fomenta la competitividad ni el compromiso entre los miembros del equipo; esto se debe a que no se asumen las responsabilidades individuales, se han habituado a que otros las asuman, se ha perdido claridad en ese sentido.

Para ampliar, cito otro ejemplo sobre ese mismo tema, cuando el *"enemigo"* se enraíza en que los motores no se activaron a tiempo. Esta vez se trata de un grupo de vendedores de una compañía de muy alto nivel en el mundo. Sus productos eran los mejores del mercado. Sus clientes, prácticamente, se arrodillaban para comprar sus productos; eran tan cotizados, que eran los distribuidores quienes llamaban a estos vendedores para que les llevaran sus pedidos. El esfuerzo de venta era mínimo dado que "mis productos eran los mejores y no tenían competencia". Estaba en su zona cómoda. Muchos años pasaron hasta que, un día, llegó un barco de la competencia con productos que superaban los suyos en precio y calidad. Pagaron el costo de haber pensado con arrogancia y soberbia que "a nosotros no nos pasa nada", lema que condujo a este grupo de vendedores hasta su mejor zona de confort. No vieron a tiempo la necesidad de evolucionar. Así como ellos, hay muchas personas en las empresas, quienes -aun conociendo las nuevas exigencias y tendencias que demanda el futuro inmediato- no asumen la evolución como necesidad profesional inminente. Son los que pasivamente esperan que, al final, se haga el milagro y acabe por volver a poner las cosas como antes, sin entender que en el entorno competitivo actual nada es igual, las organizaciones evolucionan constantemente, casi a la velocidad de los continuos cambios sociales y, aquellos que no sean capaces de evolucionar con ellas, por fuertes o competentes que sean hoy, pasarán a engrosar la lista de los desfasados de su mundo.

2.3 Mantenga su pasión en la visión

Recordemos que el motor del líder necesita combustible que lo impulse hacia un nivel superior, ese que se apodera de los sueños convierte en algo viable, realista y medible en el tiempo. Este motor es una imagen clara de su estado emocional, capaz de inspirar a los miembros de la organización o del equipo a concretar sus metas y objetivos.

El motor es energía pura, ayuda a clarificar y a definir en qué se quiere convertir usted, la compañía, la organización o el equipo, determinando su papel en la empresa y la posición que se desea en su ámbito; además, servicios que va a ofrecer, a quién los va a ofrecer, de qué forma distintiva y especial se presentará ante la comunidad empresarial a la que se debe, y cuáles serán sus principales características organizacionales para garantizar lo anterior.

Un buen líder buscará siempre mantener altas expectativas y hacer que fluyan hasta quienes lo rodean, para que cada uno busque o construya la mejor elección para alcanzar esa posición de alto rendimiento. Se tiene siempre la esperanza para avivar la acción que desemboca en que las cosas siempre se hagan mejor.

Cuando el motor se afina se llega a tener una visión propia; se enciende la llama que se aviva y se transmite basando la actividad en la visualización de una organización, equipo o comunidad nueva y diferente. Una más positiva y constructiva, desarrollada a partir de una visión o modelo de desarrollo innovador, cuyo propósito acerca de por qué, para qué y por qué trabajar, sea firme tanto en lo personal como en lo colectivo, de manera que otros puedan unirse y contribuir con su logro. Al respecto, Jim Rohn expresó: "Quién quiere hacer algo, encuentra una manera; quién no quiere, encontrará muchas excusas para no hacerlo". Cuando el líder tiene visión se responsabiliza y genera la acción necesaria para alcanzarla: activa su motor, aviva la pasión.

Recientemente, en el Super Bowl, le hicieron una entrevista a uno de los jugadores del equipo de los Patriotas, en esta, le preguntaron la razón de haber ganado el súper tazón No 49 en el 2015, él respondió: "Lo soñé, lo vi, tracé un camino, luché paso a paso y lo logré. Nada se alcanza si no pones tu esfuerzo y el corazón en lo que te propusiste".

Este jugador identificó y compartió un norte, tenía un motor, una brújula, que lo mantenía con "energía" enfocada hacia la consecución de la tarea común, sin que se produjeran desgastes innecesarios. Siempre mantuvo su atención y concentración en su visión: la vivió y la compartió. Esa es una actuación propia de un líder en un proceso de transformación organizacional, cuando se trata de lograr la conexión necesaria para generar alto rendimiento.

Un buen líder vive con pasión su visión, la trasmite.

Al igual que en una organización o empresa, un líder siempre debe abastecer su motor con su propio combustible, convertirlo en su propia "filosofía", plan de vida o visión: ¡un propósito! Un plan de vuelo propio, que le permita buscar ayuda si la necesita; servir con humildad, pasión, entrega y compromiso desemboca en la grandeza de apoyarse mutuamente en lo propuesto.

¡Sí! Un motor capaz de generar en usted la reflexión acerca de la necesidad de ser y actuar diferente, uno que propicie un proceso de transformación a partir de ideas propias, del análisis, a fin de convertir su pensamiento en acción focalizada, que permita, por un lado, trazar un norte, un proyecto futuro, un sueño, una aspiración y, por otro, buscar un punto de llegada, un puerto seguro donde atracar.

Puede que usted haya experimentado, alguna vez, la pérdida de visión de parte de los líderes de alguna organización, tal y como se describió anteriormente; cuando esto sucede, se genera gran confusión y desgaste.

El líder mencionado, párrafos atrás, logró activar el combustible de su motor y buscó ayuda, realizó un trabajo para desarrollar, en él y en su equipo, una cultura de alto rendimiento; así, después de un proceso de transformación organizacional, actualmente, comparten una sola visión y obtienen resultados realmente brillantes. En este sentido, este equipo se percibe a sí mismo como uno conformado por personas de confianza, bien liderado, hacia una sola línea de acción. Es un conjunto íntegro de profesionales, quienes conocen tanto la administración como el quehacer específico de su área, además, cuentan con vasta experiencia. Han aprendido de sus propios errores, lo que les ha permitido redireccionar su acción para establecer prioridades claras; ahora trabajan juntos en lo que tienen que hacer por área con base en una misión, con visión, valores, objetivos, metas y estrategias. Cuentan con una plataforma de servicio donde se destaca la calidad del trabajo, sustentada en la experiencia de cada uno; ágil y flexible en el ámbito de los procesos, que controla y respeta la normativa legal y administrativa vigente. Enfrenta las demandas externas, sabe qué hacer y lo hace de manera adecuada, en función de lo que hay que realizar para dar una respuesta positiva.

En ese orden de ideas, un equipo que anticipa situaciones que pueden ser recurrentes; sabe prospectar. Desde el punto de vista operacional conoce a fondo la normativa, las leyes y los reglamentos, para llevar a cabo una administración adecuada, sana, productiva, eficiente y eficaz. Comparte valores y principios; sus miembros se conocen en las relaciones interpersonales y laborales. Genera confianza, se pueden ventilar los asuntos que acaecen abiertamente, sin roces y sin que permee el plano personal.

El equipo en cuestión, conformado por personas idóneas, en las diferentes áreas, es organizado, cada quien responde por sus tareas y responsabilidades. Las personas que lo conforman promueven un liderazgo ejemplar, sin corrupción. Son íntegras, honestas, leales, proactivas, responsables, éticas y comprometidas.

A todo lo anterior se le aúna que cuenta con una planificación estratégica excepcional, focalizada en una visión colectiva, derivada del trabajo conjunto, que se nutre de la realimentación de su propia gestión operativa. Basados en un control periódico, cumple con las metas establecidas, lo cual es incentivado mediante una justa remuneración.

En el marco de acción, es un equipo ejecutivo que sabe priorizar aquellos proyectos que se deben abordar con mayor rapidez, con recursos suficientes y, ante la escasez de estos, los busca; también, incentivan proyectos relacionados con la cultura, el arte y el deporte. Es un fuerte referente administrativo, con manuales escritos y actualizados periódicamente, aporta ideas propias y acciones claras a las políticas institucionales para su fortalecimiento. Su alto impacto lo convierte en un equipo que trasciende y deja huella tanto a lo interno como a lo externo, donde genera eco gracias a que cuenta con una imagen fortalecida.

Un equipo de trabajo enfocado en la meta común, produce los resultados esperados y deja una huella indeleble; tiene funciones bien definidas en cada puesto y trabaja de manera conjunta para sacar la tarea priorizada juntos. Destaca por guardar mucho orden en lo administrativo y profesar gran respeto a las jerarquías.

2.4 Sea interactivo: retroalimente-se

Cuando la energía del líder no es la más adecuada, tenemos como resultado climas organizacionales dañados. Para contextualizar esto que afirmo, puedo citar un análisis situacional en el cual encontré un ambiente poco constructivo, principalmente por quien tenía las riendas de la organización. El clima que imperaba estaba cargado de incertidumbre y de temores; el "sí señor" reflejaba la carencia de una visión conjunta. El barco, aunque tenía un capitán, navegaba como si no tuviera timón, como si viajara sin rumbo, el camino solo lo trazaba él. Cuando los colaboradores se juntaban, se producía un desgaste fuera de lo común, debido a que unos y otros no sabían adónde ir, esperaban a que fuera el "líder" quien dictara o señalara el camino y, si este no se encontraba en la organización, no se tomaban decisiones, entonces, tampoco se avanzaba.

Los resultados saltaron pronto a la vista: desmotivación, alta rotación, colaboradores sin rumbo, desgaste, desorientación, debilidades en la toma de decisiones y la falta de confianza. Era únicamente una persona la que determinaba toda la dinámica de la organización o del equipo; era quien determinaba las técnicas, asignaba las tareas a sus compañeros, daba órdenes e imponía su criterio a los demás, etc. Todo ello la hacía una persona inflexible, dogmática y tiránica, ya que asumía el papel de único responsable de los procesos. Esto, además, derivaba en que solo esta persona conociera el curso de las actividades del grupo a su cargo.

De igual manera, este tipo de prácticas limitó la proposición de ideas nuevas y por tanto el *"empoderamiento"* de los colaboradores, dado que no se promoverían conductas participativas en la toma de decisiones, lo cual, a su vez, podría generar estancamientos en lo referente al crecimiento e innovación de las organizaciones. Estos líderes son prepotentes, tienen todas las respuestas, todo lo saben, no comparten nada de la estrategia, no son serviciales, carecen de humildad, a veces son poco sinceros y solo les interesa estar en primera plana, además, los resultados siempre serán de ellos. En "sus" éxitos hay gente maltratada, resentida y herida. Comparten día a día planes operativos pero poco o casi nada de su visión de líder.

El líder en mención se dio cuenta de que no iba por buen camino y pudo realizar las enmiendas necesarias oportunamente, activó el motor con energía positiva y edificante. Una vez realizado el trabajo de desarrollo de equipos de alto rendimiento en esta organización, la reacción de su líder fue de sorpresa, los resultados lo alarmaron, le parecían imposibles, incluso, los refutó aduciendo que no eran característicos de su equipo.

Fue un proceso de retroalimentación muy fuerte para él y su grupo de trabajo y, mediante un proceso guiado, surgieron una cantidad considerable de acciones que posibilitaban mover al equipo a otro nivel, de manera que se convirtiera en un mejor lugar de trabajo, con un clima organizacional cargado de calidad de vida laboral, lo cual, a su vez, redundaría en personas comprometidas y motivadas en el equipo gerencial.

Entre las acciones que se destacaron como relevantes, a partir de esa experiencia, destacan las siguientes:

1. Que nos guste lo que hacemos.

2. Contar con una visión compartida que abarque desde al líder hasta el más humilde servidor de la compañía.

3. Asumir las responsabilidades de lo que hacemos, es decir, sentirnos empoderados.

4. Sentirnos cómodos en la tarea asignada y que se nos permita llevarla a cabo.

5. Practicar la honestidad y la integridad; poder manifestar sin temor lo que no nos gusta.

6. Que las jefaturas estén dispuestas a escuchar y no pretendan resolver todo ellos mismos.

7. Que el estilo de dirección de las jefaturas sea más accesible y abierto, que los jefes cuenten con un adecuado manejo de sus emociones, de manera que se genere un clima de confianza para sus colaboradores.

   Sobre este mismo aspecto, se demanda de esos jefes que no griten, no ofendan, no golpeen la mesa, no humillen y que, con calidez humana, brinden una visión compartida y deseen hacer las cosas bien, con sentido humano.

8. Una remuneración aceptable, que satisfaga las necesidades básicas de nuestras vidas.

9. Manuales de puestos al día y actualizados para que haya adecuada diferenciación de roles y de funciones, con niveles de responsabilidad bien descritos y realizables.

10. Estructura y organización clara, precisa y bien diseñada.

11. Buena comunicación y presencia de las jefaturas con todos los colaboradores.

12. Conocer quién trabaja con quién; para qué y por qué estás donde estás.

13. Que los que están al mando de la compañía nos hagan sentir que están de nuestro lado y sentirnos acompañados.

14. Tener actividades extralaborales de tipo social, momentos de ocio. estar juntos, reír juntos, asistir a eventos deportivos y culturales siendo los protagonistas.

15. La actitud positiva y las ganas de alcanzar logros es responsabilidad de todos. Llegar al trabajo con confianza y alegría, sin aprovecharse del puesto.

16. Transmitirle a las personas que todo lo que hacemos es una inversión de calidad en nosotros y en la organización.

17. Dejar una buena imagen en todo lo que se hace en el ámbito organizacional y personal.

18. Desarrollar actividades que incidan positivamente en el desarrollo de un clima laboral de calidad, como establecer lazos mediante la cooperación y mantenerlos en el tiempo.

19. Contar con líderes que propicien un ambiente laboral ameno, donde las personas se sientan a gusto; que estimulen el logro personal e incentiven el sentido de pertenencia y la responsabilidad social entre los colaboradores.

20. Estimular el crecimiento académico de los empleados. Desarrollar la carrera administrativa para que todos los trabajadores tengan la oportunidad de crecer

21. Estimular en las personas de la organización el espíritu de servicio. Que las personas que vienen por un servicio reciban de nosotros lo mejor y en el menor tiempo posible.

22. Consolidar un solo equipo, con objetivos y metas comunes y que todos llevemos el mismo rumbo.

Tener la oportunidad de formar un equipo "familia", como si fuera nuestro hogar.

23. Recibir retroalimentación periódica acerca de cómo podemos mejorar lo que hacemos.

24. Abrir espacios para la celebración de cumpleaños, actividades sociales y deportivas, donde se pueda compartir. Ocuparse del desarrollo de las personas más allá de sus tareas.

En ambos casos, es de vital importancia saber cuál es el camino que deberá recorrer, hacia dónde dirigirá sus esfuerzos para que el combustible convertido en energía alcance. El buen líder se respeta a sí mismo y a sus seguidores, reconoce que cada una de las partes se respeta a sí misma.

Usted tiene energía eso que dice: "¿qué tengo?" Su motor la produce, es energía que lo lleva a un nivel diferente de hacer las cosas en un plazo determinado: "¿qué quiero?", "¿qué queremos qué suceda? La brecha que usted origina debe ser cerrada mentalmente de inmediato: "¿cómo lo hacemos?" Encienda su motor y defina una ruta.

2.5 Aprenda de otros

Otro caso muy interesante es el del Papa Francisco, quien está dejando un legado diferente, que merece ser analizado con profundidad, como lo es la transformación, desde sus propias raíces, de una entidad tan grande como es el

Vaticano. Decidió encender su motor actuando y pensando diferente. Con un camino retador y transformador. Va paso a paso. Tiene claro que el éxito está en trabajar con otros, rodearse de los mejores, de personas con amplio conocimiento, cuyo pensamiento, incluso, podría ser distinto al de él. Su liderazgo está basado en una gestión de respeto, dignidad y humildad, al servicio de los demás y que busca ayuda cuando más la necesita. Puede ser que él tome la decisión final, pero ya antes ha escuchado a las personas que trabajan más cerca de él.

2.6 Ayude a otros

Independientemente de cuál sea su energía, los siguientes consejos para alcanzar la transformación de personas y equipos le serán de utilidad para ayudar a otros:

1. Defina y analice su propio perfil y estilo de liderazgo, pues son la fuente de energía que lo moverá a otro nivel, al utilizar herramientas adecuadas para tal efecto y obtener una retroalimentación efectiva con sus colaboradores.

2. Tenga claro su principal propósito como líder. ¡Defínalo! Ahorre combustible. Participe e involucre a otros.

3. Precise su misión de líder. Asegure el camino.

> ¡No se ponga límites!

4. Determine su visión de líder a largo plazo.

5. Defina los valores que facilitarán su actitud, su conducta y su comportamiento.

6. Tenga claro cómo va a transmitir o modelar sus valores.

7. Determine qué acciones realiza usted para reforzar el sentido de logro y resultados.

8. Tenga claro cuáles actitudes suyas le impiden, actualmente, lograr su visión.

9. ¿Cómo le gustaría que lo recordaran sus seguidores? ¿Cuál sería su huella, su marca o su legado?

En relación con lo anterior, quizás, en este momento le conviene hacer un alto en el camino y tomar en cuenta los anteriores consejos. No olvide involucrar a sus colaboradores, procure responder a las interrogantes y analizarlas con ellos en el seno de su organización. Lo que debe quedar claro es que cada líder puede definir *una energía* para cumplir cabalmente con la tarea que se le ha encomendado.

Entonces, defina, con claridad y sencillez, la clase, la potencia y la calidad del motor que impulsará sus acciones; luego, compártalo con su equipo de trabajo, con su familia, con sus amigos o bien con alguien de su plena confianza.

2.7 Oriéntese a resultados

Independientemente de la energía de su motor, para fortalecer la práctica adecuada de un buen liderazgo orientado a resultados, será necesario que preste atención a otro tipo de consejos como los siguientes:

1. Propóngase generar un ambiente organizacional agradable, con buenas estrategias de comunicación y escucha. Un clima liderado para construir positivamente, basado en fuertes procesos de retroalimentación, confianza y humildad. Defina parámetros de alto estándar.

2. Defina de una manera participativa la visión de la organización y comparta la propia con sus colaboradores. Comente con una buena cantidad de personas cuál será la empresa, organización o equipo que usted desea ver en el futuro.

3. Fortalezca su capacidad de análisis en equipo, comparta un mayor compromiso de actuación y participación, asuma responsabilidades en condiciones nuevas dentro de las estrategias de desarrollo empresarial.

4. Impulse a la empresa hacia nuevas formas de participación. fortalezca su organización administrativa y financieramente, con responsabilidad social para ser más competitiva en el mercado.

5. Genere normas por ideología para vivir la visión. Sepárelas de la normativa reglamentaria de la organización. Evite crear sus propios "infiernos", que van en detrimento de la integración y la acción conjunta.

> No estamos libres de vicios, de defectos, ni de malas voluntades, por lo cual la práctica sana de los valores es fundamental. ¡Esa es tarea de todos!

6. Descubra la fuente profunda de energía, creatividad y pasión que existe dentro de sus colaboradores para enseñarlos a amar lo que hacen.

7. Elija su actitud y demuestre un nivel de responsabilidad e iniciativa y, con la actitud que elija, demuestre lo mejor de sí mismo en el trabajo y disfrute de este. Haga que sus colaboradores elijan una actitud positiva dentro de la organización.

8. Salga de la zona cómoda, de esa forma tradicional de pensar (rompa paradigmas), sin perder de vista sus principios y sus valores y facilite a otros la administración del negocio y la disciplina de la organización. ¡Transfórmese permanentemente!

9. Fortalezca un ambiente de igualdad y de libertad inspirado en los ideales del ser humano amante de la democracia y de la justicia social.

10. Impulse la idea de un liderazgo íntegro, honesto y leal, espiritualmente fuerte. Esta idea habrá de

consolidarla en todos los niveles de participación. No estamos libres de vicios, de defectos, ni de malas voluntades, por lo cual la práctica sana de estos valores es fundamental. ¡Esa es tarea de todos!

11. Mantenga un liderazgo para el desarrollo de un ambiente con responsabilidad social.

12. Añada vida a la organización por medio de actividades sociales, rediseñe espacios y manténgalos limpios; instalaciones ventiladas y con buena iluminación; use la ergonomía en sus muebles; active la creatividad de la gente por medio de juegos, dinámicas, concursos, desarrollo del talento.

13. Asuma una actitud valiente, equilibrada y tolerante, siendo asertivo pero perseverante para tratar de conseguir e impulsar las ideas anteriormente citadas. Además, procure la integración de todos los sectores de trabajo, evitando el individualismo, lo que permitirá ahorrar energía y fortalecer el establecimiento de la visión. Le corresponde asumir y mantener vivo el interés por esta.

Un guía hacia:

- La orientación de la estrategia de la organización.
- El descubrimiento de sus propósitos.
- La fijación de sus valores, comportamientos y actitudes.

- La creación de un ambiente agradable.
- Desarrollo de un alto sentido de pertenencia.
- El establecimiento de sus objetivos, estrategias y metas.
- La asignación de las responsabilidades y roles de sus miembros.
- Una mejor distribución de los recursos disponibles.
- La adecuada continuidad de la acción.
- La coordinación dinámica del progreso.
- La evaluación del progreso logrado.
- Un mayor entusiasmo, alegría y participación.
- Una actitud incluyente, de respeto mutuo y cooperación.
- Proporcionar la satisfacción que se siente al atender a otra persona.
- La transformación permanente.

Con esto quiero decirle que su motor vive en el presente, lo disfruta –con él- construye el futuro día a día. Un buen líder sube de manera rápida al otro nivel y comienza a vivirlo de inmediato. No se guarda para mañana. Sabe que es hoy su respuesta. Por eso el paso a paso debe constituir el camino que haga fluir la energía para vivir plenamente con pasión. Si no es ahora, ¿cuándo?

"Fije su norte, la ruta por donde caminará".

Camine hacia su futuro…

… mediante el reconocimiento, previsión tecnológica, flexibilidad conceptual, visión y alineación estratégica, mejorando la imagen de la organización.

Piense estratégicamente.

Convierta la visión en acción

Alinee el desempeño con la visión.
Inspire hacia una visión compartida.

Comprometa a otros para alcanzar un estado futuro.

Transforme la estrategia en resultados.

¡ACTÚE!

PARA NO OLVIDAR

2.8 ¿Qué puede hacer un líder para mantener la pasión?

Todos los líderes tienen sus días buenos y sus días de mejora. Otros son diferentes y pueden ayudar a formarse en los momentos más difíciles.

Para mantener la pasión se proponen las siguientes ideas:

- **Mantenga su pasión en la visión**

- **Sea interactivo: retroalimente-se**

- **Aprenda de otros**

- **Ayude a otros**

- **Oriéntese hacia resultados**

  Un guía hacia...

Para mantener la pasión… ¿cuáles son sus ideas?

_____

_____

_____

_____

_____

CAPÍTULO 3

¡DESPIERTE!

INSPÍRESE CON SENTIDO HUMANO

No hay líder sin propósito. Entiéndase por propósito la búsqueda del desarrollo de una tarea vital en beneficio de otros, del mundo o de la vida. Es la consecución de un sentido y de ir tras un propósito, lo que nos hace esencialmente humanos, nos hace brillar como personas y como líderes.

Una de las acciones primordiales de un líder es "liderar" a las personas, con sentido humano en todo lo que hace, alcanzar resultados, elevar la motivación y mantener el alto rendimiento. Un líder que tenga como propósito servir a los demás, que busque desarrollar tareas en beneficio de otros, de sus organizaciones, equipos o de la vida; con capacidad de enunciar una visión y lograr que otros la lleven a la práctica.

Cuando me refiero al liderazgo con sentido humano pienso en hombres y mujeres que, al servir a los demás, se hacen más humanos, brillan como personas, como líderes; son humildes; practican la verdad, la honestidad, la transparencia, la integridad y se aman a sí mismos. Tienen un espíritu emprendedor y firmeza al conducir las riendas de su vida; saben lo que quieren, porque asumen plenamente su responsabilidad.

Un ejemplo claro de esto es lo que escribe Bo Pilgrim2 (2005), en su libro "Cómo establecer una compañía de clase mundial, y a quién darle crédito". Pilgrim (2005) predica con el ejemplo y reta a sus colaboradores a que superen lo que él ha sido hasta este momento.

Este líder, con una alta dosis espiritual, apoya a otros para que lo superen, mediante una estrategia de equipo compuesta por socios ganadores, quienes piensan en la gente que cuida tanto a sus compañeros colaboradores como a la compañía; cree en el trabajo en equipo, los insta a amar lo que hacen, a ser honestos y trabaja duro cada día en pro del mejoramiento permanente, pues reconoce que deben haber, tanto ganancias económicas como sociales para sobrevivir. Este líder "aviva el fuego en sus colaboradores". Reta a cada persona de su compañía a ser afectuosa y generosa. A tener actitud y comportamiento positivos. Que haya expresión de gozo en todo lo que se hace.

La humildad: Ser humildes es un rasgo deseable en todas las personas y cuanto más presente esté en la organización, más se debe poner en práctica, asumiendo la responsabilidad de sus propias acciones y decisiones.

3.1 El sentido humano del líder

Un líder con sentido humano tiene en DIOS a su fiel acompañante. Sabe que en ÉL radica su grandeza y su buena voluntad de querer y amar a sus semejantes. Jim Collins (2004) en su libro "Empresas que Sobresalen" nos habla de líderes que "construyen grandeza mediante una paradójica combinación de humildad personal y voluntad profesional"[1]. Lo cual reafirma Bo Pilgrim (2005) al decir "Confíe en el Señor para hacer la orquestación general de su plan maestro". En este sentido, estos líderes están dotados de una alta dosis de humildad y espiritualidad, por cuanto aceptan que tanto los logros como los resultados, por más grandes o pequeños que sean, son producidos por sus colaboradores y así lo reconocen.

Un líder con sentido humano es espiritual y cuida en su ambiente organizacional el fortalecimiento y vivencia de los valores, sobre todo, aquellos que tienen que ver con la actitud y voluntad de las personas, con el respeto a los demás, con la solidaridad, la integridad y la transparencia de sus acciones.

---

[1]   Collins, Jim (2004). *Empresas que Perduran*. Editorial Norma.
[2]   Pilgrim. Bo (2005). El Progreso de un Pilgrim. Editorial Caribe Betania. Nashville. USA. 2005.

3.2 Liderazgo y valores

Construye su visión tomando en cuenta a las personas. Cuida en ellas la integridad moral y la honestidad. Da confianza para construir confianza en todo lo que hacen en sus organizaciones, con profundo sentido y valor ético. Sabe que esto es una de las condiciones indispensables para alcanzar el éxito. Ser líderes que se destacan por su dignidad, justicia, respeto y confianza.

El mundo tiene la necesidad de contar con líderes con elevados dotes humanistas; antorchas y luz en el camino, que abrigan la esperanza de construir un mundo mejor por medio de sus organizaciones. Tengo en mi biblioteca personal una carta escrita, en enero de 1984, por el entonces Arzobispo Primado de México, Ernesto Corripio Ahumada, de la cual, considero relevante transcribirle un fragmento que reza: "En este mundo de innovación constante, todo aquello que es permanente debe ocupar un lugar especial en cualquier agenda de transformación. Todos, después de lo que hemos vivido y estamos viviendo, hemos entendido que la innovación es necesaria, pero frente a esa certeza no debemos olvidar que existen cosas que no pasan. Una de ellas es sin duda "La Palabra de DIOS". Por eso meditarla para poner en práctica sus enseñanzas será siempre una necesidad de todos aquellos que consideran un fortalecimiento hacerlo y sentirlo. Así

> "Vivid siempre dispuestos a dar la respuesta a todo el que os pida razón de vuestra esperanza"
>
> (1 Pe 3, 15)

las cosas es imperativo acompañarse y una garantía para producir la transformación y entenderla".

Esta carta tiene más de 30 años de haber sido escrita y sigue siendo una realidad, es más que un reto para cualquier líder. Es encontrar inspiración en las fuentes de la FE, para que siempre nos ayude a superar cualquier adversidad y, consecuentemente, saborear más el éxito. El lugar de trabajo de un líder con estas características es un espacio de crecimiento, donde es posible desarrollarse y amar a las personas.

El Papa Juan Pablo II 3 –uno de mis líderes espirituales más fuertes y sentidos– en la Centésimus Agnus Joannes Paulus PP. II 1991 05 01 escribió: "En nuestra época, la sociedad humana parece que está envuelta por espesas tinieblas, mientras es turbada por acontecimientos dramáticos y trastornada por catastróficos desastres naturales. Muchos son los problemas que oscurecen el horizonte de nuestro tiempo, nos reta a pensar en la urgencia de trabajar por la paz, de poner premisas sólidas de justicia y solidaridad en las relaciones entre los pueblos, de defender la vida humana desde su concepción hasta su término natural. Y ¿qué decir, además, de las tantas contradicciones de un mundo «globalizado», donde los más débiles, los más pequeños y los más pobres parecen tener bien poco que esperar? En este mismo párrafo nos da una respuesta clara: "en este mundo es donde tiene que brillar la esperanza; la disponibilidad al diálogo y la colaboración incumbe a todos los hombres y mujeres de buena voluntad y, en particular, a las personas y los equipos que tienen una específica responsabilidad en el campo político, económico y social, tanto a nivel nacional como internacional".

3.3 Acepte el reto espiritual

Así son las cosas, dispóngase a aceptar el reto. Hay que trabajar arduamente en pro de una vida más sana, con humildad, paz y prosperidad.

En este mundo, donde las contradicciones están a la orden del día, donde la inseguridad ciudadana va en aumento y se convierte en una gran preocupación del ámbito social, y donde predominan las palabras de desánimo, la ingobernabilidad, las actitudes negativas y la corrupción, me resulta esperanzador encontrarme en el camino con líderes que se preocupan por hacer las cosas de la mejor manera posible. Líderes que practican los valores morales y éticos al más alto nivel y son ejemplo de ello en todas sus actuaciones. Necesitamos líderes con una fe madura y firme, que los mantenga en ese camino sin dar el brazo a torcer ante cualquier transformación que suceda en el mundo y en su ambiente social y cultural.

3.4 "Lo invito a un café consigo mismo"

La motivación para escribir acerca de este tema emerge a raíz de conversaciones con amigos que consultan cómo actuar ante diferentes situaciones que se les presentan en relación con el liderazgo. Es por ello que te he instado tomar un café contigo mismo, para que revalore su vida, renueve sus fuerzas con fe, religue lazos con su familia, con sus valores y, ante todo, con su forma de ser y de actuar.

Algunas experiencias de vida nos colocan frente a una serie de situaciones difíciles, pero hay otras que son verdaderamente extremas. En estas nos sentimos atrapados, no vemos posibilidades de salir; sentimos que mordemos el polvo, que estamos en el fondo, que el pozo que cavamos no nos permite surgir. Todo huele y se siente mal. Todo parece derribarse y acabarse. Siente que usted se deprecia a cada instante. Pierde el ánimo. Deja de creer. Nada vale la pena. ¡Qué terrible!; sí, posiblemente usted se ha sentido así en algún momento de su vida.

Todo extremo ocasionado por las diversas circunstancias del entorno y de su interior, nos obliga a pensar y a actuar. Lo **primero** que debe hacer es un alto en su camino para poder seguir. He aquí el primer paso: hacer un alto en el camino. Tómese un café consigo mismo. Utilice cualquier envase: una taza, un vaso, una botella, es indiferente. Lo que realmente es importante en su contenido, el café que usted decida tomarse.

Este cafecito tiene el aroma, el sabor y la textura de un buen análisis de la situación que vive, pensar qué hacer para superar eso que siente, encontrar las respuestas y luego ocuparse de ellas. La textura del café tiene su pensamiento para actuar, para caminar, para salir adelante.

Segundo, haga una lista de "cosas" que no aportan a su vida; de todo aquello que lo tiene en esta situación. Apúntelas, aunque sea en la servilleta que tiene a su lado. Si no puede, busque ayuda, pero haga algo, resuelva. Después de anotar cada detalle, escriba al lado de cada uno de ellos lo que va a hacer para salir adelante. ¡Ojo!, no incluya lo que haría, eso es futuro, reitero, decisiones, alternativas, respuestas que esté dispuesto a hacer ¡ahora! No mañana. Respuestas que le brinden posibilidades de valorarse ¡ya!

Tercero, haga surgir todo su potencial para encontrar las respuestas y el verdadero balance de su existencia. Rétese y aprecie su vida. Trabaje por usted mismo, con ayuda de alguien si puede. Haga equipo, no lo haga solo. Una red de apoyo le permite aprender y reafirmarse de una mejor manera. Anímese con todo lo que tiene junto a su familia, esa que nunca lo abandona.

Como **cuarto** paso, no baje los brazos. Por eso es clave que refuerce su fe. Esa taza de café consigo mismo contiene los ingredientes para tomar fuerza y verse de una manera diferente. En esa hoja hay respuestas de lo que hay que hacer. No se guarde nada. Repase. Deje su recipiente vacío. En esa de taza de café está todo su potencial. ¡Búsquelo y actúe!

¡DESPIERTE!

PARA NO OLVIDAR

Preguntas de reflexión

1. ¿Qué es lo suficientemente bueno para mí como líder transformacional con sentido humano?

2. En este momento, ¿cuáles son los obstáculos que no me dejan alcanzar un liderazgo con sentido humano? Haga una lista de los principales.

3. ¿Qué es lo que he estado postergando en mi vida y que no me permite ser un mejor líder transformacional con sentido humano? ¿Cuáles son las excusas si yo sé que ya debería haberlo hecho?

4. Cuando el día acaba, ¿qué cosas debo transformar para ser un extraordinario líder transformacional?

CAPÍTULO 4

¡TRANSFÓRMESE!

LIDERE SU TRANSFORMACIÓN

Si tan solo alguna de estas ideas le está sirviendo para construir la mejor versión de su gestión, sentiré que este esfuerzo ha valido la pena, por ende, mucha satisfacción. Si es así, entonces, páselo a otra persona, déselo a otras cuando lo termine. Disemine la semilla que hay dentro de este libro. Esta es una forma de darse. Recuerde que el mundo y las organizaciones necesitan personas comprometidas con un nuevo proceso de desarrollo, capaces de generar transformaciones en las actuales culturas ambientales de las empresas. Es necesaria una revisión integral de la forma como se lidera y de cómo se enfrentan los retos futuros. Un cuestionamiento integral, en todos los ámbitos, de todo cuanto se ha llevado a cabo, hasta ahora, para crecer.

4.1 Reto de la Transformación

El entorno no espera a nadie, en un mundo de rápidos cambios, donde ya no hay tiempo ni para crear tradiciones, pues nada dura lo suficiente, se hace necesaria la facilidad de adaptación a la novedad, a los estilos de liderazgo actuales. Asimismo, es imperioso un análisis de las nuevas corrientes en la esfera social, cultural, política, de producción, de mercadeo, de ambiente y de tecnología, que van desde el análisis de la actividad que realizan los dirigentes hasta la gestión propia en las empresas. Es necesaria una nueva mentalidad, no sólo en la "cúpula empresarial", sino en todo el contexto de las empresas, las cuales deben ser capaces de reorientar, reaprender y planificar una nueva visión empresarial. Del mismo modo, los líderes deben ser honestos consigo mismos y, periódicamente, hacer una revisión respecto a su papel en una realidad actual. Las técnicas del ayer no funcionan hoy, mucho menos mañana.

Medite si alguno de sus compañeros de equipo se han quedado atrás, es decir, si se han actualizado –o bien– si persisten en participar en la empresa apoyados en ideas ya superadas. Lo más grave es encontrar líderes que ni siquiera saben cómo direccionar el desarrollo de sus empresas o sus organizaciones. Es lamentable que sean capaces de servirse en lugar de servir.

No se aferre al pasado. En algunos sectores, algunas de las organizaciones han sido desplazadas; otras están en una lucha por conservar su mercado. No hay una adecuada retroalimentación. ¿Qué clase de líder queremos? ¡Usted tiene la palabra! El rumbo actual de las economías latinoamericanas es muy incierto. Por eso no se puede esperar a que salga el sol para tomar decisiones.

¡Finalmente, su compromiso será facilitar la transformación, orientar el desarrollo de las personas y las organizaciones, ¡y formar líderes para enfrentar el reto del futuro ya!

Mañana puede ser demasiado tarde.

Usted forma parte de un equipo de trabajo, de un departamento, de una organización comunal o de una compañía. Entonces vale la pena que reflexione a fondo lo que encontrará en este capítulo. ¡Sí!, porque lo he escrito de manera especial para usted. Está dirigido a aquellos que –sin importar dónde se encuentren en la organización– son determinantes para inspirar a otros a comprender y adoptar una nueva visión, de lo que más tarde deriva una nueva organización y transformación de actitudes en las personas.

4.2 Cambio versus transformación

En la actualidad, la palabra cambio se ha vuelto muy común. El cambio se anuncia y se lee en todas partes, es el tema que introduce casi todo escrito, y hasta se dice que es permanente; sobrevalora este término. Algunas personas creen que transmiten algo importante cuando dicen a otras que están en un proceso de cambio. "Todo cambia" se ha convertido en el lema de este siglo. Si es así, entonces, vale la pena preguntarse ¿será el cambio algo rutinario, algo que ya está en nuestra zona de comodidad? ¿Corremos el riesgo de que el cambio se meta tanto dentro de nosotros al punto de llegar a sentir que nada cambia?

Considero que hay que más escalones arriba del cambio. Que digan que hay cambio, lo concibo como algo rutinario, más de lo mismo. No es nada nuevo. Conozco muchas historias de cambio, sin embargo, cambiar por cambiar ya no es ningún mérito. El mérito es aceptar que esto ha sido cambiado y que hay que ver eso que llaman cambio de una manera muy diferente. No se sorprenda ni se extrañe de lo que afirmo, y si lo hace, no se resista. Más allá del cambio, hay que evolucionar y transformarse. Al respecto, la innovación dejó atrás al cambio. El problema se complejiza cuando usted debió cambiar y no lo hizo. Actualmente, se debe sobrepasar la excelencia, si algo le parece excelente, revise qué más pudo haber hecho, esa es la mejor forma de evitar caer en la zona de comodidad. Hay que aspirar a lo extraordinario y la brillantez. Ir más allá de la evolución personal. Esto se entiende como la *transformación de las tareas que usted ha hecho en el pasado mediante la acción - efecto futuro para desarrollarlas o transformarlas en otras nuevas*.

Dicho de otra manera, se requiere de un USTED que no sea más de lo mismo en el plano personal y profesional. Una persona reinventada. Si su organización necesita una transformación, hay que reinventarse; pensar diferente para poder actuar diferente. Diferenciarse es la clave en este tipo de procesos.

4.3 Mi transformación: ¿Por dónde iniciar?

En relación con lo anteriormente expuesto, ¿cómo hacerlo? Cuando se anhela una transformación para evolucionar, es preciso comenzar por dirigir la energía, ante todo, hacia uno mismo; paradójicamente, no hacia el entorno, porque como es adentro es afuera y no a la inversa. Y bueno, para ponerse en marcha tiene que encender su motor. Definir el rol de sí mismo como su propio agente transformacional; eso que llamo buscar su propio líder transformacional interno, ser un líder con propósito.

En ese orden de ideas, puede que todo empiece con dar respuesta a estas once preguntas claves, tómese unos minutos para analizarlas y, en una hoja en blanco, escriba sus respuestas. No se apresure. Vaya despacio. Solamente, medite su respuesta. Le anticipo que más adelante encontrará otras nueve preguntas, son veinte en total.

1. ¿Qué he aprendido de la vida?

2. ¿Estoy satisfecho con lo que estoy haciendo ahora?

3. ¿Qué quiero de mí en este momento, en plano personal, financiero, social, educativo, espiritual, íntimo, entre otros?

4. ¿Qué aspectos de mi vida y de mi organización deseo transformar?

5. ¿Qué aportará a mi vida personal y profesional la transformación que deseo?

6. ¿Qué es lo que no estoy dispuesto a dejar de ser para alcanzar la transformación anhelada?

7. De eso que anhelo, ¿dónde y con qué deseo ser congruente?

8. De eso a lo que aspiro, ¿dónde y con qué deseo ser incongruente?

9. De eso que me propongo alcanzar, ¿qué voy a hacer mejor?

10. ¿Cuáles son mis mejores atributos y valores para enfrentar mi tarea?

11. ¿A qué me estoy resistiendo al momento de querer alcanzar lo que me propongo?

Un momento por favor. ¡Deténgase! Haga un alto y vuelva a leer las preguntas 1, 3, 4, 5, 6, 7, 8 y 10. Piense y reflexione sobre estas antes de continuar con la lectura y verifique sus respuestas. Vamos a considerar que usted es una persona que tiene la *"capacidad de inspirar e influir en las personas, de contribuir al desarrollo integral propio y al de otros, así como de aportar para la consecución y el logro de los resultados propuestos"*.

Si siente que no lo tiene aún, la buena noticia es que sí puede desarrollarlo. Para alcanzarlo, debe buscar su propia transformación continua, cada época y contexto, cada "crisis": una nueva oportunidad de hacerlo. Contribuir a su desarrollo integral es un enorme reto dado que tiene que predicar con su vida. Así como conquistar mejores resultados de sí mismo y de la empresa.

4.4 Persona transformacional

A propósito de la revisión que usted acaba de hacer, diremos que una persona "transformacional" caracteriza a aquellos líderes que producen efectos extraordinarios – excepcionalmente brillantes– en otras personas a través de su ejemplo personal; en contraste con quienes basan su liderazgo en el intercambio de recompensas con los otros, algo más transaccional y menos genuino.

Una persona transformacional es reconocida por la capacidad que tiene de actuar y pensar diferente; sus intensas e incesantes acciones conmueven a quienes lo conocen; sabe enganchar a otros mostrándoles a través de una línea visionaria y atractiva hasta dónde se puede llegar en el ámbito personal y profesional. Son personas que, con esfuerzo y empeño, fortalecen y acrecientan su sistema de valores. Además, son capaces de revisar sus creencias y actitudes, con ello impactan e inspiran a otras personas a desempeñarse más allá de lo que ya se consideran los estándares más elevados de la organización. Las personas se sienten orgullosas de seguirlos y de emularlos.

En este sentido, las personas transformacionales se perciben a sí mismos como agentes de la evolución más que del cambio per se; son visionarios, corren riesgos calculados, articulan modelos de comportamiento guiados por valores, tienen habilidades cognitivas y por eso estudian sus decisiones; confían en las personas, son sensibles a sus necesidades; son de pensamiento flexible, por tanto, siempre están abiertos a los nuevos aprendizajes.

Hace poco tuve la oportunidad de servir como facilitador en un evento de capacitación de equipos de alto rendimiento, para una compañía mundial. Después de detallar en la gestión de sus líderes, en la manera como guiaban a los participantes hacia el logro de los objetivos propuestos, no cabía duda de que eso era clave para que el equipo alcanzara lo propuesto sin dificultad.

Luego de varios intentos, le pedí a tres de esos líderes que, durante los próximos retos, mantuvieran una actitud pasiva, a fin de observar el comportamiento del equipo sin el liderazgo de estas personas. Respecto a estos líderes, eran considerados los mejores desarrollando personas y motivando hacia el logro de metas y, en esa ocasión, se enfrentaban al nuevo reto de empoderar a sus supervisores para que fuesen ellos quienes gestionaran los departamentos de la compañía. En relación con mi petición, la respuesta no se hizo esperar, como resultado, se tuvo que las personas del equipo, sin estos líderes, no alcanzaron ni resolvieron los retos propuestos.

La razón de esos resultados es que, estas personas, solo obedecían ciegamente a esos líderes y no asumían compromisos para resolver por sí mismos la tarea encomendada. Ellos solo escuchaban, pero no actuaban empoderados, tal y como se quería. Los líderes asumían muchas de las tareas y responsabilidades de su equipo.

Sobre este mismo caso, la tarea cambió y se retroalimentó a los líderes acerca de los resultados observados, eso les permitió modificar la estrategia de gestión de resultados, la cual se redireccionó a los equipos de trabajo. Para ello, se les pidió brindarles mayor participación y abrir espacios de mayor comunicación entre los miembros de estos equipos. El contar con protagonismo hace que las personas se apropien de sus propias acciones con compromiso y creatividad, por eso, era necesario desarrollar un ambiente en donde sus seguidores se sintieran tomados en cuenta, fueran valorados como líderes también, permitiéndoles actuar con confianza y aprender de sus propios errores.

En vista de los anteriores ajustes, los resultados cambiaron e incluso superaron los esperados. El ambiente de trabajo también varió, se incrementó la confianza debido al sentido de logro alcanzado; todos realizaban sus aportes de ideas, se apreciaba la intencionalidad de logro y, en ese sentido, se consideraron capaces de apoyarse unos a otros. Que los líderes gestionaran el trabajo de manera distinta trajo, también, resultados distintos.

Por lo tanto, es muy adecuado que usted revise la forma como guía hacia el logro a su organización y a sus colaboradores. Usted tiene en sus manos la toma de decisiones, de las cuales depende su transformación y la de las personas que lo siguen. Sea usted una persona que se centra en "transformar" a los demás y a las organizaciones. Déjelas ser creativas, respételas y permítales que asuman su rol y su compromiso. Recuerde que un buen líder se convierte en la mejor versión de sí mismo, confía en lo que sabe y en lo que hace, en esa misma medida, permite a otros aprender y ser.

De acuerdo con lo anterior, no tenga duda que su propia motivación aumenta la moral del equipo y, consecuentemente, su rendimiento tiende a ser superior. Usted adquiere una visión más clara de la meta, se orienta a resultados e influye en los demás para que adopten esa misma visión o que definan otra, no necesariamente tiene que ser la suya, que ellos puedan crear es el resultado de su liderazgo. Usted logra que ellos se apropien de sus acciones, esto genera un clima de confianza, a la vez, ganan tiempo en la toma de decisiones; aunque estas sean criticadas por los demás. Se vuelven más sensibles y empáticos, lo cual facilita que se llegue a acuerdos y que todo fluya, que haya sinergia.

También aflora con mayor sencillez su inteligencia emocional, aunque sus emociones son siempre intensas, no teme demostrarlas. Algunos "líderes" se muestran a veces poco tolerantes e impacientes; atropellan a algunas personas y aniquilan las opiniones de estos para llegar a su meta. No comprenden que el verdadero líder coloca a la organización por encima de su propio interés.

4.5 De mérito a otros

Cuando se logra introducir una tarea diferente, se alcanza una victoria. La clave del agente transformacional cuando se alcanza esa victoria es separarse de esa victoria. Eso permite que aflore su humildad y pueda dar mérito.

Toda transformación va más allá de los límites de una actividad propuesta, los miembros del equipo se vuelven más 'competentes; por eso es necesario que la persona tenga claro cuáles recursos necesita antes de emprender la actividad. Ahora bien, toda transformación requiere un contexto de escasez de una nueva oportunidad o un reto. Una debilidad o un deseo de mejorar en algo, de cambiar algo, de inspirar o mejorar la cadena de valor. ¿Tiene usted escasez, nuevas oportunidades, retos o posibilidad de mejorar? Mantener un espíritu renovador es clave en este proceso.

Por otro lado, la abundancia, lo mismo que una actitud de prepotencia, limitan la transformación. Creer que estamos bien nos impide hacer cosas diferentes. La sensación de absoluta fortaleza inhibe hacer las cosas de otra manera. Por el contrario, la "crisis", entendida como una oportunidad, fortalece la posibilidad de transformarse. La debilidad lo fortalece siempre y cuando usted actúe o haga algo sobre el particular. Lo urgente promueve y dispara el gatillo de la transformación, de lo diferente. Se requiere ser un catalizador con energía para desarrollar un estilo de actuar y pensar diferente.

Cuando la transformación en lo profesional se orienta a incrementar rentabilidad, seguridad, aumentar ventas y desarrollar nuevas estrategias, las mejoras son pequeñas; las personas no alcanzan el crecen profesionalmente cuando las tareas y las acciones son impuestas por otros. Para lograrlo, lo mejor es propiciar un ambiente donde las personas estén dispuestas a innovar, a desafiarse y a romper sus propias marcas; a salirse de los límites, perder seguridad, navegar en la incertidumbre, enfrentar desafíos y retos mayores; sin tener a nadie al frente para preguntar. Esto es, muchas veces, ir a ciegas, pero con la certeza de querer alcanzar algo grande, extraordinariamente brillante. Esto requiere que haya una verdadera necesidad de reinventarse, de ser su propio líder transformacional.

4.6 Agréguese valor

Un buen líder en lo transformacional tiene que hacerse responsable de administrar su crecimiento, de aumentar su capacidad de producir más con menos y alcanzar la eficiencia; generar y aumentar la capacidad actitudinal, emocional y la competitividad, los cuales conllevan a que la transformación sea mucho más efectiva y de mayor valor agregado.

Sobre esto último, sucede de dos formas diferentes: una es ser capaz de agregar más valor; la otra, desarrollar competitividad efectiva en todo cuanto se hace.

Un líder transformacional debe definir una arquitectura que va más allá del marco de la estética, de la solución, la solidez y la utilidad de esa solución. Cuando se cuenta con un profundo conocimiento de la transformación que se lleva a cabo, del ámbito donde se está trabajando y de los recursos con qué se cuenta, se puede afirmar que se está ante una estrategia de máxima transformación.

Hay otra estrategia que es la mínima, la cual se origina de la capacidad democrática. La capacidad democrática puede convertirse en una enemiga de la estrategia máxima, porque la propiedad de la transformación se distribuye entre muchas personas de un equipo u organización. Esto hace que se pierda el equilibrio entre las personas y las organizaciones, y ello puede desembocar en la inoperancia. Se pierde el balance cuando no se evoluciona dado que otros esperan que usted lo haga, ellos no lo harán. Una transformación debe generar conflicto de evolución para poder alcanzar su objetivo. Quienes participan deben experimentar que cuesta, e incluso, que duele. Si no se genera un conflicto interno -ante la necesidad de definir una arquitectura de transformación máxima- no hay evolución, no hay reinvención. Tampoco habrá un resultado extraordinariamente brillante.

Expandir las posibilidades y las oportunidades que cada uno de nosotros tiene es encontrar formas diferentes de ser y actuar, es transitar por caminos que más valor agreguen; esto se valora o se mide con base en los resultados que se generan en favor de las personas y las organizaciones.

Expandir el mundo de las posibilidades depende de usted; es su conocimiento, su ingenio, su inteligencia personal y social, su disposición para para aprender y la noción que tenga de lo que hace, lo que le permitirá atraer y generar eso que está buscando.

Lo anterior requiere de una transformación en sí misma de su forma de actuar, pensar y sentir. Es decir, se requiere de un rompimiento de su esquema mental, para darle cabida a nuevos enfoques.

Significa una forma única –y a menudo nueva– de percepción, es una transformación radical.

Una persona transformacional comienza a cambiar aspectos primero en sí mismo. Por otro lado, considera que desempeña un rol simbólico de autoridad que le permite ser el "representante institucional" de la organización y, como tal, debe dar ejemplo de trabajo arduo y constante, disponibilidad y honestidad en sus actuaciones, las cuales deben ser consistentes y coherentes, tanto con la visión, la misión y los valores propios como con los de su compañía u organización.

"Me hago cargo, me trasformo"

En una de mis lecturas semanales escribí un viejo refrán que versa "lagarto que no sacude, su charco se le seca". Como resultado de aquella reflexión muchos han sido los amigos que nos externaron su opinión, entre otros comentarios, escribiron: "eso me sacudió"; "me cayó de perlas", "me hizo pensar mucho", "me hizo actuar de inmediato". ¡Qué bueno! Nuestras reflexiones llevan ese objetivo, generar análisis; no leer por leer. Brindan la oportunidad de que usted cuente con un instante de diálogo con usted mismo. Más que eso, trato que usted sienta más amor por usted mismo. Procuro que medite y que, como resultado de esa meditación, decida actuar, es decir, que sacuda su charco y tome las decisiones que lo conduzcan por el camino bueno, uno que lo transcurra más allá de simples propósitos de principio y fin de año.

Ahora bien, a raíz de esos valiosos momentos de intimidad, muchas de esas personas se encuentran escribiendo otra historia de su vida, con mayor creatividad e innovación. Sus emociones están en función de amarse y quererse más. Ellos se encuentran en un proceso de transformación en todo lo que hacen, aprenden de los resultados que obtienen. Desde predicar con el ejemplo hasta hacerse cargo de metas clave en sus vidas; agradeciendo lo que tienen y lo que alcanzan.

¿De qué le sirve esto? Para que usted también asuma su propio proceso de transformación y pueda conseguir más y mejores resultados. En este mismo sentido, usted podrá conocer con detalle qué es lo que puede hacer por usted mismo. De igual modo, podrá identificar aquello que desea hacer diferente; a cuáles personas desea ayudar; todo lo que desea excluir de su vida. En síntesis, una transformación que cambie tu rumbo, transforme tus emociones y desarrolle tu potencial o, quizá, un reencuentro con aquellos aspectos de tu vida que habías guardado y podrías reintegrar a tu cotidianeidad.

Saber hacia dónde vas te permite llegar lejos con menos desgaste, con mayor productividad. Agiganta tu esfuerzo, manifiéstate con toda tu fuerza, ve paso a paso y entra por la puerta grande cada mañana, cada tarde, cada noche, haciendo de ti una persona nueva, un ser integrado al día maravilloso día que nos otorga el Creador.

La vida nos proporciona oportunidades. ¡Eres una de ellas! ¡No la desaproveches! Abre los ojos cada mañana y aprópiate del día con el primer paso que des, sacúdete, hazte cargo y transfórmate.

PARA NO OLVIDAR

Para finalizar este capítulo, tal y como te lo anuncié, hay otra serie de preguntas que te servirán para analizarte y agregarte valor:

1. ¿Qué valoro aquí, en este momento, en este lugar?

2. ¿Qué estoy aprendiendo?

3. ¿Qué estoy dejando de hacer y debería ser retomado?

4. ¿Qué es importante para mí de esto?

5. ¿Qué cosa nueva puedo permitirme hacer hoy, ya, en este momento?

6. ¿Cuáles son mis expectativas aquí? ¿Adónde aspiro llegar?

7. ¿Qué tiene que suceder para que me sienta realmente diferente y exitoso?

8. ¿Cuáles son esas cosas que me hacen ser más transformacional?

9. ¿Cuáles son los obstáculos que me impiden emprender la acción?

Lo primero qué voy a hacer es _____

CAPÍTULO 5

UN, DOS, TRES... EQUIPO

"Los hombres somos el resultado de lo que creemos ser;
si pensamos que no podemos lograr algo, así será;
pero si estamos convencidos de que sí podemos,
entonces lucharemos por desarrollar las capacidades
que necesitamos, aunque al principio no las tengamos".
Gandhi

5.1 Trabajar en equipo

Trabajar en equipo es todo un proceso, este se vive y se practica por y para una organización, una comunidad o un conjunto de personas unidas por un vínculo común; organizados para convivir en pro de alcanzar un objetivo o meta, o bien, vinculados por un trabajo cuyo propósito colectivo es, también, conseguir resultados.

Ese vínculo es construido, armoniosamente, como una red, por varias personas de una organización, comunidad o compañía. En ella, todos aportan a la creación de la visión; comparten valores, objetivos y metas. Asimismo, cooperan y mantienen estrategias orientadas a la obtención del resultado; tienen funciones, roles y responsabilidades bien definidos, lo que les permite laborar en igualdad de condiciones, con gran eficiencia. Esto, a su vez, redunda en la construcción del sentido de pertenencia, tan importante para poder alcanzar la tarea con eficacia.

Más adelante, describo un método adecuado para crecer a partir del trabajo en equipo, al cual he denominado **"INTEGRAR"**, pues está aunado a una fórmula ganadora, dinámica, en la que se refleja la tendencia de las personas del equipo a no separarse; estas permanecen unidas con la finalidad de conseguir sus objetivos fundamentales o de satisfacer sus necesidades afectivas en medio de los retos y deberes. En primera instancia, vamos a definir la fórmula ganadora y sus componentes:

5.2 Fórmula ganadora

La fórmula ganadora en un equipo es

Familia+carácter+brillantez+compromiso = Resultados

Veamos que significa cada variable de esta fórmula.

Familia +

Un equipo de trabajo es una **familia,** que se forma y se construye con su propia filosofía, creencias, mitos y normas, se basa en el acompañamiento, el amor, el afecto, la amistad y la hermandad.

En este tipo de **"equipos familia"** las personas son como los jugadores de un equipo deportivo, donde cada uno tiene su claramente definidos sus roles y sus responsabilidades. Saben que el éxito del equipo va a depender de cada uno de ellos. Tal y como sucede con la familia, cada miembro del equipo se siente importante, comprometido e identificado con este. Todos aportan de acuerdo con sus destrezas y habilidades. Cada miembro del **"equipo familia"** se siente orgulloso de él.

Los valores de un **"equipo familia"** definen el comportamiento óptimo de sus miembros y uno de los principales es la hermandad, que se refleja con relaciones profundas que desarrollan las personas a lo largo de su permanencia en él, todo ello, mientras asume comprometidamente un rol, un objetivo, una tarea, una meta y un resultado. Saben que pueden contar unos con otros, tanto en las buenas como en las malas. Son personas de equipo por siempre. La hermandad es un vínculo sellado con sangre, que nace en el momento en que una persona apoya, dialoga, desarrolla y construye intimidad emocional.

Además, cuando un equipo se ve como una familia se forjan lazos de solidaridad y unión familiar. Trabajar juntos les permite establecer el sentimiento de cohesión. En este tipo de equipo se desarrolla el sentimiento de fraternidad, lo cual implica una buena relación entre sus miembros; se desarrollan los sentimientos de afecto propios de un hermano de sangre, la unión y buena correspondencia, se sienten queridos, importantes y aceptados incondicionalmente.

El que se identifiquen como familia les permite sentir que cuentan con muchas personas para resolver las vicisitudes. Asimismo, cada miembro del **"equipo familia"** reconoce que su aporte es importante y que, sin este, los resultados no serían los mismos.

Cada uno de sus miembros, sea "pequeño" o "grande", puede contribuir a la consecución de metas compartidas, a realizar el mayor número de tareas y a cooperar para que el clima de trabajo sea de calidad, de manera que el tiempo de trabajo transcurra en forma amena.

La idea es que la comunicación fluya como en la propia familia, donde identifiquen voluntaria e individualmente las tareas que pueden asumir, pero para llevarlas a cabo de manera conjunta. La pregunta clave es ¿qué necesita cada miembro para sentirse parte del núcleo "familiar" (equipo).

Para que esto funcione es esencial crear espacios para concienciación de la personas, que sepan reconocer el compromiso y la responsabilidad como pilares fundamentales para que el equipo funcione, realmente, como una familia, sin que sean dos o más, sino un solo ser. Por tanto, si se han unido como equipo en familia todos sus miembros procurarán la convivencia armoniosa, sin dejar espacio para las debilitantes divisiones, en su lugar, será la cohesión la que los caracterice; ellos les permitirá mantenerse unidos a través de un mismo propósito, que les permitirá construir relaciones cada vez más positivas.

+ *(más)… Brillantez.*

La brillantez de un equipo de trabajo se refleja en el paso adicional, la milla extra, lo sobresaliente y lo admirable; en el esplendor y la grandeza con la que se entrega cada uno de los miembros del equipo a la tarea común. Es un brillo que sobresale siempre ante cualquier situación. La brillantez se intensifica con el talento de las personas del equipo, con cada acción extraordinaria que emprendan en función de sus objetivos, la consecución de metas y el cumplimiento de sus responsabilidades.

La brillantez, en un equipo de trabajo, está relacionada con resultados aplastantes, excepcionales y siempre está a favor de quienes tienen el carácter de proponerse metas concretas elevadas, precisas, exigentes y motivadoras; mantienen una moral alta y se nutren de una fuerte crítica para crecer en lo personal y como equipo. Es el resultado de las interacciones que se dan en el equipo y de sus resultados, los cuales son, generalmente, extraordinarios. Está relacionada con la luz que refleja cada una de las personas que lo conforman, su pasión transformada en luz interior, que se enciende y resplandece con mayor intensidad cuando juntos enfrentan una tarea; entonces, es cuando comparten esa luz con gracia y talento, aunado a sus destrezas, sus fortalezas y debilidades, su forma de ser y de actuar, etc.

+ *(más)* Carácter,

Un equipo de trabajo irradia su carácter cuando sabe imponer sus decisiones, es enérgico y no se doblega ante la adversidad ni ante las críticas; es todo aquello que lo identifica, lo hace diferente a los demás y determina su accionar, ya sea para responder a las necesidades del medio donde se desenvuelve -o bien- a las exigencias de este. Es llevar los límites personales al máximo, tal y como lo define Juan Carlos, quién es una persona que regularmente participa en actividades de alto rendimiento relacionadas con "Iron Man". En ocasiones, ser disciplinado, dedicado, constante y persistente, no es suficiente para alcanzar una meta, porque el equipo o rival que hay enfrente también los aplica o los tiene. Es ahí donde el coraje puede hacer la diferencia, cuando se llevan los límites a extremos inimaginables, cuando la técnica y esfuerzo ordinario no alcanzan, se saca esa fuerza interna (coraje) para lograr el objetivo planteado.

Juan Carlos Solórzano, tuvo la oportunidad de correr la Maratón de Nueva York y, sobre esa experiencia, relató: "Me había preparado, para ese reto, durante 4 meses, entrenando 6 días a la semana. Corría aproximadamente 120-130 kilómetros por semana. El día de la competencia me sentía en perfectas condiciones, inspirado, motivado y dispuesto a dar lo mejor de mí en esta carrera. La competencia empezó, cuando llegué al kilómetro 35, sentí que mis fuerzas flaqueaban, me sentía pesado; empecé a sentir síntomas de agotamiento, me di cuenta que la preparación que había tenido no era suficiente para afrontar los 7 kilómetros 195 metros que restaban de competencia, que debía dar algo más, dar la milla extra, sacar mi fuerza interior para llegar a la meta y mantener la posición que tenía hasta ese momento. Fue en ese momento, donde el coraje salió a relucir, eso que sé que tengo en mi interior y cuando lo dejé fluir me permitió terminar la competencia de manera exitosa".

+ *(más)... Compromiso,*

Es un proceso personal y varía de un equipo a otro. El compromiso es entendido como el elixir que se deriva de la práctica rigurosa de cada persona, para contribuir con su talento a hacer realidad un resultado, un sueño o una tarea. Es hacer que las cosas ocurran. Es estar aferrado a una ilusión, a una meta, a un sueño. Es algo que crece dentro de usted, que está dispuesto a entregarlo en función de un resultado, para convertirlo en una realidad. Es cuando cada persona aporta su grano de arena al equipo, lejos del individualismo. Compromiso en un equipo, significa alcanzar algo que beneficia a todos, al colectivo. Es algo compartido y definido con claridad, como lo es la aceptación de una visión común, de metas, de un comportamiento y de actitudes constructivas; es el cumplimiento de tareas; honrar y ser ejemplo de valores como la lealtad, la confianza, la entrega, la integridad y la honestidad, entre otros.

Este compromiso no crece con normas ni procedimientos. Crece por las relaciones que nacen entre las personas del equipo, por un sentimiento, por una emoción hacia algo que le atrae, que le gusta, que le genera pasión. Por eso, cada persona de un equipo debería tener su propio compromiso, este, a su vez, debería ser conocido por todos sus miembros, a fin de que la persona se constituya en ejemplo de trabajo disciplinado, movido por su vocación en pro de alcanzar los resultados que ese equipo necesita. Los compromisos individuales siempre están en función del colectivo; debe existir reciprocidad. Se alcanzan mejores resultados cuando estos son compartidos con otra persona, de ahí la importancia de la construcción de redes de apoyo, así como que los miembros del conjunto cuenten con momentos para el análisis de las experiencias personales.

En el equipo, cada persona se motiva a través del compromiso que adquiere, el cual incluye respetar la forma de ser de cada miembro. Se reta a crecer para que sus aportes contribuyan cada vez más al buen rendimiento; construye un equipo mejor para el futuro. El éxito del mañana se encuentra ligado a la acción que se realiza hoy, pero, además, a la calidad con que se realice esa acción. En un equipo, un compromiso es una cualidad necesaria, se expresa como una vocación de servicio; le da sentido al código de conducta y al quehacer diario.

Para comprometerse, en un equipo, el corazón y la pasión —muchas veces- no bastan; también, es necesario saber elegir, anticipándose a los resultados y efectuando un balance entre los puntos a favor y los puntos en contra.

El código de conducta cobra sentido cuando se tiene un compromiso cimentado en el "yo puedo", esa afirmación es un impulso ganador, competitivo, colaborativo, retador y exigente, que impregna al equipo de esperanza. Hay compromiso cuando la responsabilidad se asume como una muestra de amor hacia sí mismo y hacia quienes lo circundan. Todas las personas del equipo poseen talentos especiales que, debidamente cultivados, en contribuirán, notablemente, a mejora la calidad y los resultados del conjunto.

En los equipos de trabajo hay conductas deseables y conductas indeseables. Por eso, es de vital importancia reconceptualizar el compromiso, es decir, que se vea desde una perspectiva diferente. Como dije antes, que se marque por un sentimiento, por una emoción hacia algo que le atrae, que le gusta, que le genera pasión. Estamos hablando de una transformación en la forma de concebir el compromiso, convirtiéndolo en la verdadera vocación: una comunión, la base para la transformación del "yo" en un "nosotros", así como para el desarrollo continuo del talento de las personas en el equipo.

El compromiso también implica hacer lo correcto en el momento correcto, aprender de todo tipo de situaciones apoyados en un sólido proceso de retroalimentación. Manifestar los sentimientos con claridad, sin "maquillar", de manera asertiva y respetuosa puede contribuir a la cristalización de los anhelos. Lo positivo se capitaliza; la adversidad se aprovecha como fuente de aprendizaje. Ese compromiso hay que sostenerlo y reconocerlo en función de los resultados.

= *resultados extraordinarios*

Los resultados extraordinarios son el indicador perfecto de la clase de conversación que se ha tenido en el equipo, aunado a las acciones emprendidas por cada uno de sus miembros.

No se requiere ser infalibles, pero sí dotarse de un esfuerzo extraordinario para alcanzar resultados que marquen la diferencia de lo tradicional, lo ordinario: resultados extraordinarios. En este contexto, cada persona repasa su compromiso; el esfuerzo de cada uno motiva al conjunto a dar más de lo que se le pide. Para ello, se requiere consistencia y coherencia; así como trabajo conjunto de las principales fortalezas.

Los resultados extraordinarios son el resultado de la suma -la materialización- de una serie de variables ya analizadas: familia, carácter, brillantez, compromiso; en conjunto, constituyen el motor que los sostiene.

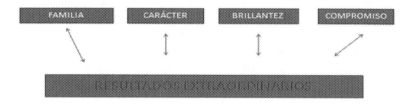

UN EQUIPO GANADOR

Anteriormente, mencioné que todo esto iba unido al nivel de la calidad de las conversaciones que sostenga el equipo. El diálogo sistemático tiene que permitir crecimiento y fluidez en la organización, debe ser un proceso que permee a cada una de las personas del equipo. Es un canal capaz de sostener el mensaje, pero siempre con el compromiso de retomar el camino cuando sea necesario.

La conversación ha de ser clara y deberá establecerse en el momento oportuno. Jugar y actuar como si fuera el mejor equipo. Dar siempre lo mejor es la máxima. Las promesas traducidas en compromisos se cumplen y se mantienen vivas. Se repasan a menudo, son la flama que arde dentro de un equipo. Los conflictos siempre se resuelven con base en el diálogo transparente que caracteriza al equipo. Cuando se presentan siempre aluden a su objetivo primordial: el equipo y sus compromisos; no es nada personal. Sobre la base de las ideas expuestas, los miembros del equipo mantienen una tradición de ganadores. Le dan vida a esa tradición. Si no hay respeto a la intimidad del equipo estás fuera…

5.3 El Método Integrar

Como complemento de lo anteriormente expuesto, en segunda instancia, vamos a revisar el método **INTEGRAR** como proceso para hacer crecer un equipo. Este método aporta una serie de factores que los líderes pueden tomar en cuenta para llevar a cabo su gestión, contextualizándolos según sea su ambiente organizacional.

Este método es empírico, se basa en la observación y percepción de comportamientos y actitudes. Hace referencia a un conjunto de tareas que se desarrollan paso a paso. Definimos al método como la ruta, el camino o el medio a través del cual un líder de equipo llega a un fin propuesto para conseguir el crecimiento de su equipo.

Al referirme a la condición de hacer crecer a un equipo me remonto a aquel cuento Zen relacionado con el crecimiento del bambú japonés. El agricultor, como lo hace un buen líder, sabe que una buena cosecha requiere una buena semilla, un buen abono y riego constante.

Siempre sobre ese ejemplo, quien cultiva la tierra, no se impacienta frente a la semilla sembrada, ahogándola en agua con el riesgo de echarla a perder, gritándole con todas sus fuerzas: ¡crece por favor! Tal y como sucede con el crecimiento de un equipo, la siembra del agricultor requiere de mucha paciencia y tolerancia, de cuidado permanente, de análisis y de enfoque hacia resultados.

Hay algo muy curioso que sucede con el bambú japonés: siembras la semilla, la abonas, y te ocupas de regarla constantemente. Lo mismo sucede con un equipo, tienes la idea, la inspiras, la cuidas y luego te ocupas de hacerla crecer.

Durante los primeros meses, con el bambú no sucede nada apreciable. Por el contrario, en un equipo, suceden muchas situaciones que son tangibles. Volviendo al bambú, en realidad, durante los primeros siete años, no sucede nada con la semilla, incluso, el cultivador inexperto estaría convencido de haber comprado semillas infértiles.

En esta etapa de iniciación, un equipo sí requiere de mucha atención y guía por parte de su líder. Demanda una intensa planificación: organización, dirección y buen control. Se necesita mucho más que preparar el terreno. En un equipo, se necesita que su líder movilice a las personas para que estas, voluntariamente, hagan las cosas, que interpreten siempre su mejor sinfonía; se motiven a ser mejores hombres y mujeres, que hagan de su vida -donde quiere que estén- su mejor melodía, y que, a su paso, de cada proyecto emprendido con pasión, nazca un legado. En esta etapa, el líder cuidará más a su equipo, pues de la calidad de su gestión al inicio, dependerá que logre desarrollar -con las personas que lo conforman- una visión y misión basada en valores que le den identidad de equipo.

Contrario a lo que sucede con el bambú, el equipo crece intangible, no lo podemos tocar, pero sí lo podemos percibir; sabemos que está ahí. Podemos palpar algo que nos une, que nos hace sentir parte de una raíz, de un tallo u organización que se direcciona hacia un destino. Es una ilusión que trasciende y se extiende, más allá de sí mismo, del horizonte; más allá de su corazón, despertando en sus miembros la pasión por su máxima de ser un equipo con características excepcionales. Sabemos que esto no nace de la noche a la mañana.

En el séptimo año, en un período de solo seis semanas, la planta de bambú crece más de 30 metros. ¿Tardó solo seis semanas en crecer? No, la verdad es que se tomó siete años y seis semanas en desarrollarse. Bueno, puede que un equipo no tarde 7 años, pero si debe dársele el tiempo suficiente para que construya una base sólida, que le permita sostener el crecimiento que va a tener después. Claro está que, tanto para el bambú como para el equipo de trabajo, el éxito es el resultado del crecimiento interno; esto requiere tiempo y esfuerzo en la instauración de los hábitos y el temple que les permitirá sostener el éxito cuando éste al fin se materialice.

Ahora bien, muchos de ustedes saben que hacer crecer un equipo toma su tiempo, por eso, a continuación, le proporciono una guía para que inspire y contagie de la mejor manera a las personas en su equipo.

Los componentes de este método son los siguientes:

- Planificación
- Ejecución
- Compromiso
- Análisis y retroalimentación
- Responsables por un resultado

Ahora bien, veamos qué podemos hacer para hacer crecer un equipo con cada uno de estos componentes:

Planificación

Como resultado de esta primera acción se trata de que el equipo decida y responda a las preguntas ¿qué vamos a hacer?, ¿hacia dónde queremos ir?, ¿cómo vamos a llegar hasta allí y con qué?

Ante lo anterior, tome en cuenta las siguientes sugerencias:

1. Analice la situación actual del equipo.

2. Defina la visión del equipo. Debe motivar la definición de una visión compartida junto a los integrantes de su equipo.

3. Defina con claridad la razón de ser de ese equipo.

4. Debe haber una declaración de los valores del equipo.

5. Una vez definida la visión, misión y los valores, vele por que el equipo establezca objetivos y metas claras, realizables y desafiantes.

6. Elabore una estrategia para transmitir y entusiasmar a los miembros del equipo en torno a la visión, los valores, los objetivos y las metas.

7. Defina una estrategia de seguimiento y control de la filosofía del equipo y de los resultados que desean alcanzar.

8. Identifique en cada miembro del equipo sus habilidades individuales y trate de articularlas de manera armoniosa entre ellos, para lograr la visión propuesta.

9. Defina los roles de cada persona en el equipo y cerciórese de que todos los miembros de este los conozcan.

10. Fije con antelación las reglas, normas, códigos y compromiso de actuación, propicie un ambiente sano para su equipo, basado en diálogos orientados hacia la consecución de resultados.

11. Defina la disciplina del equipo, los procesos de retroalimentación. Establezca la forma como aprenderán la lección, cómo analizarán los aciertos, los desaciertos y los logros.

12. Fije altas normas de actuación y de ejecución.

13. Asegúrese de que cada persona defina su compromiso de actuación antes de iniciar cualquier gestión.

14. Repase todo con el equipo y filtre los resultados de esta primera parte.

La ejecución

15. Asegúrese de que todo esté bien organizado y regulado antes de iniciar la tarea. Repase con los

miembros del equipo lo que desean obtener y la manera como lo van a alcanzar.

16. Desarrolle un clima de confianza entre las personas del equipo; realice una actividad dirigida a marcar las pautas a seguir.

17. Potencie en las personas la capacidad de negociación, la mediación y el carisma que se requieren para participar en procesos de retroalimentación, que permitan el desarrollo de los talentos del equipo de trabajo.

18. Refuerce el carácter del equipo, que se sepa escuchar a los demás y pueda discernir entre lo que es o no es conveniente para el equipo.

19. Modele un trato agradable hacia todos los miembros del equipo. Demuestre que sabe escuchar al resto de sus integrantes, eso le permitirá contar con mayores opciones de alcanzar los objetivos del equipo.

20. Coordine y dirija el trabajo en forma adecuada. Empodere a los miembros del equipo delegándoles funciones, cuando corresponda.

21. Mantenga un balance entre los principales valores del equipo: respeto, empatía, cooperación, solidaridad y responsabilidad.

22. Emprenda acciones y tome decisiones; organice y dirija un equipo de personas, responsable de sus actos y sea su representante en todo el ámbito de la organización.

23. Impulse y promueva ideas con su propio ejemplo, ejecute acciones de poder; sea persistente y consistente.

24. Coordine la tarea del equipo y empodere a sus miembros para que la monitoreen, sea usted un guía.

25. Sea una persona proactiva, con facilidad de palabra y con la capacidad de impactar, con determinación, a un equipo de personas.

26. Proponga no imponga, las imposiciones generan rechazo.

27. Sea un vocero que representa con legitimidad al colectivo. Dé la cara por el equipo, siempre dé un paso más que los demás y tenga la capacidad de poner orden y disciplina sin necesidad de alzar la voz.

28. Convenza y transmita ideales para tener metas en común, hágalo por convicción, no por coerción.

29. Influya en las demás personas, tanto en sus acciones como en su forma de ser, aunque no tenga autoridad formal sobre ellas.

30. Mantenga una relación abierta con las personas que trabaja, para que pueda generar sinergia en el ambiente y puedan enfocarse en la tarea común.

31. Practique una cultura de consenso con sus compañeros de trabajo, recuerde que no está ni trabaja solo, permítales opinar y ponerse de acuerdo.

32. Asuma las riendas del equipo, aporte ideas, propicie el consenso y lidere los ideales de la compañía y los proyectos propuestos.

33. Sirva como guía para organizar a un equipo de personas que trabajan por el bien común, sea inteligente, tolerante y responsable. Mantenga buenas relaciones públicas, recuerde que la calidad de la comunicación es importante.

Tome en cuenta todas las acciones o estrategias que usted podrá gestionar con base en las acciones que se anotan en el siguiente cuadro:

I	N	T	E	G	R	A	R
INICIAR	NITIDEZ	TRABAJO EN EQUIPO	EMPEZAR	GANADORES	RESPONSABILIDAD	ANALIZAR	RESULTADOS
IDEAS	NOSOTROS	TEJIDO	ENFOQUE	GUERREROS	REGLAS	AUTÉNTICIDAD	RECAPITULAR
IR	NOMBRES	TALENTO	EJECUTAR	GESTAR	RACIONALES	APERTURA	RECALCAR
IDENTIDAD	NACER	TRANZAR	EDUDAR	GRANDIOSO	RESPETO	ABOCARSE	REMATAR
ILUSIONAR	NEGOCIAR	TRAYECTO	EGO	GRANDEZA	RASGOS	ABRAZAR	RECONOCER
INTIMIDAD	NIVELAR	TEMPLE	ÉXITO	GLORIA	RETO	AFECTO	RECORDAR
IGUALDAD	NORMAS	TENACIDAD	ENTRENAR	GRADUADO	REAFIRMAR	ALEGRAR	REFLEXIONAR
INTEGRAR	NUTRITIVOS	TENENCIA	ENSEÑAR	GUARDIANES	RECOMPENSAR	ACELERAR	RECOMPENSAR
INFLUENCIAR	NOCIVOS	TODO TERRENO	ESMERARSE	GUÍAS	RECONOCIMIENTO	ACERTAR	REGRESAR
INSPIRAR	NECESIDAD	TOLERANCIA	ECONOMÍA	GUSTAR	RECTIFICAR	ACLARAR	REPETIR
IMPULSAR	NÚMEROS	TONIFICAR	EXCEDER	GRACIAS	REDOBLAR	ATENDER	RENOVAR
INICIATIVA		TRASCENDER	EMOCIÓN	GUARDAR	REDUAR	ACOMPAÑAR	RECORDAR
IMPORTAR		TRANSPARENCIA	ENYUGUE		REFLEXIONAR	APRENDER	REVOLUCIONAR
INNOVAR		TRANSMITIR	ESENCIA		REMATAR	ACONSEJAR	REPASAR
IMAGINAR		TRIUNFO	EJEMPLAR		REACCIONAR	ACOGER	ROLES
INTEGRIDAD			EMPEÑO		REORGANIZAR	ACUMULAR	REVISAR
INTELIGENCIA			ENFRENTAR		RESPLANDECER	ADMINISTRAR	RUTAS
INTERESAR			ESCRIBIR		RESUMIR	AGILIZAR	
INFORMAR			ENERGÍA		RAZONAR	ALABAR	
INDICADORES			EMPUJAR		REVISAR	APRECIAR	
INTENTAR			ESTRUCTURA		ROBUSTEZ	AHINCO	
IMPECABILIDAD			ESPÍRITU		REARMAR	ANTICIPAR	
INCENTIVAR			EDIFIQUE		RECARGAR	AJUSTAR	
INVESTIGAR			EFECTIVIDAD		RECIBIR	ALIANZAS	
			EFERVESCENCIA		RECOMPENSAR	ANIMAR	
			EJECUTIVOS		RECORDAR	APROBAR	
			ENDEREZAR		REINVENTAR	ARREGLAR	
			ENTUSIASMAR		REFERENCIAS	ARROPAR	
			EMPODERAR		REFRESQUE	ASEGURAR	
			EVALUACIÓN		REGULARIDAD		
					RESOLVER		

Desarrolle el Compromiso

Retomemos el tema del compromiso, desarrollado en la primera parte. Refuércelo con su propia actuación. El compromiso es el elixir de talento que se cada persona aporta para contribuir en la realización de un sueño o una tarea y en la obtención de un resultado. Es algo que nace y crece dentro de usted, está ahí para que usted lo ponga a disposición de hacer que las cosas sucedan y se conviertan en una realidad.

Sobre la base de las ideas expuestas, para desarrollar el compromiso, haga lo siguiente:

34. Para hacer que las cosas ocurran, aférrese a una ilusión, una meta o un sueño.

35. Compártalo y conviértalo en una visión común de metas, en un comportamiento habitual con actitudes constructivas para la ejecución de tareas.

36. Hónrelo y sea ejemplo de valores como la lealtad, la confianza, la entrega, la integridad y la honestidad.

37. Aporte su grano de arena pensando en la colectividad y dejando de lado las individualidades.

38. Hágalo crecer entre las personas del equipo a través de un sentimiento o una emoción hacia algo que le atraiga, que le guste, que le genere pasión.

39. Tome en cuenta que el compromiso crece cuando cada persona tiene el suyo y lo comparte con los demás miembros del equipo. Propicie que se desarrolle la vocación y la disciplina por alcanzar resultados claros que beneficien al conjunto y a quienes lo conforman.

40. Compártalo con otra persona en el equipo, forme redes de apoyo y propicie espacios para el análisis de las experiencias.

41. Motívese a sí mismo asumiendo un compromiso, eso incluye respetar la forma de ser de cada uno.

42. En un equipo, un compromiso es una cualidad necesaria, una vocación que da sentido a su existencia, al código de conducta y llena de sentido su diario quehacer.

43. Sepa elegir y decidir. Recuerde que, en un equipo, el corazón y la pasión muchas veces no bastan.

44. Fortalezca el compromiso dando paso a un código de conducta basado en el "**yo puedo**", eso que le da poder ganador, competitivo, colaborativo, de ayuda mutua, desafiante, exigente, de esperanza, amor, responsabilidad.

45. Haga que la transformación ocurra convirtiéndolo en la verdadera vocación, una comunión, base de una transformación del "yo" para contribuir con el

"nosotros" y el crecimiento continuo del talento de las personas en la compañía.

46. Haga lo correcto, en el momento correcto y aprenda de todo tipo de situaciones, establezca un fuerte proceso de retroalimentación.

47. Crea en su compromiso y en el de otras personas, reconózcalo, permanentemente, en función del resultado esperado.

48. Comprométase a sacar adelante la actividad del equipo, incluya a todas las personas en el proceso.

49. Renueve compromisos, practique la disciplina y valore el aprendizaje.

50. Fomente todo tipo de actividad social y empresarial que fortalezca el sentido de compromiso de sus miembros. Tome en cuenta a amigos y a familiares. Organice agendas abiertas que pueda compartir.

Recuerde y haga énfasis en que un compromiso lo sostienen todos...

Análisis dentro del equipo

Recuerde que un buen equipo crece con la retroalimentación y con la capacidad de autoanalizarse en todo cuanto hace. Las siguientes proposiciones le servirán en para la aplicación de ese análisis:

51. Domine un método de análisis y evaluación de los resultados del equipo. Identifique cómo se alcanzaron los resultados y cómo se pueden alcanzar más y mejores. Sepa motivar al equipo a mejorar en todo cuanto hace.

52. Programe sesiones de retroalimentación del equipo, en las cuales se converse acerca de las conductas observadas -especialmente aquellas que impulsan el crecimiento- y analice a profundidad los comportamientos que lo impiden u obstaculizan.

53. Determine con claridad cuáles de los comportamientos contribuyen más al logro de los resultados del equipo y de la organización; haga énfasis en las fortalezas del equipo.

54. Construya espacios de diálogo e intercambio de ideas, donde todos puedan aportar a la construcción de la misión y visión y del equipo. Asegúrese de que el equipo cuente con los recursos necesarios para ejecutar las tareas y de que las funciones y acciones estén claras con respecto al cómo y al cuándo; que todos los miembros estén enterados y lo comprendan.

55. Establezca una comunicación abierta y franca durante el análisis. Debe fomentar que los miembros del equipo expongan sus opiniones, y brindarles retroalimentación –buena o mala– de manera

franca. No deje escapar ninguna posibilidad de crecer.

56. Elabore cronogramas de actividades, documentos que prueben que los objetivos planteados llevan un norte positivo, así, cuando se haga el análisis, se podrá contar con puntos de comparación en relación con el crecimiento del equipo.

57. La revisión de la ejecución y la evaluación de resultados debe ser conjunta y periódica. La revisión permanente de los resultados es necesaria para hacer los ajustes que garanticen la mejora. Determine lo que se está haciendo bien y lo que se debe mejorar, así como en qué se debe priorizar.

58. Cuide el ambiente organizacional y el contexto en el que se lleva a cabo la retroalimentación, de tal forma que la interacción contribuya al crecimiento y al fortalecimiento de la autoestima de los miembros. Garantice que no haya ataques personales.

59. Enfatice en el mejor modelo de ambiente organizacional que se requiere en el equipo y cuál es la actitud que mayor potencia el mismo.

60. Es de vital importancia celebrar el éxito alcanzado, reconociendo el aporte de cada uno de los miembros, pero resaltando que el resultado es el producto del esfuerzo colectivo. El equipo debe concebirse a sí

mismo como un solo cuerpo y no exclusivamente como la suma de individualidades.

61. Tenga claro que se aprende de los errores, estos sirven para fortalecer el accionar y para definir certeramente las acciones por desarrollar.

62. Retroaliméntese inmediatamente cuando de resolver problemas se trata -ya sea diarios (personales o laborales)- ofrezca espacios de expresión (válvulas de escape), salidas, actividades, etc.

63. Promueva la iniciativa y brinde retroalimentación positiva, aunque siempre existan puntos que una persona deba mejorar. Enséñelos a percibirse como un solo equipo y, por tanto, que el éxito de uno es el éxito de todos.

Resultados

Todo equipo debe estar orientado a resultados y enfocarse en conseguirlos sin distingo de objetivos, funciones o tareas. Resultado es resultado, pero hay formas de asegurar los mejores.

64. Resalte las cualidades positivas de los miembros. Reconozca a cada uno las acciones exitosas y los logros alcanzados. Agradezca. Brinde oportunidades de formación y de crecimiento personal en el futuro.

65. Potencie al máximo los talentos de los integrantes del equipo, haga énfasis en la consecución de los resultados y en el cumplimiento del trabajo de cada persona; también, contemple la innovación, y la diferencia en todo lo que se ha hecho.

66. Reconozca las habilidades individuales y las colectivas.

67. Después del resultado, mantenga al equipo integrado, ofrezca un ambiente laboral idóneo, que satisfaga las necesidades básicas, fomente la sensación de éxito y valore la labor de cada miembro.

68. Motive y oriente a su equipo de trabajo para que juntos vayan corrigiendo los errores que se presenten, a fin de lograr la meta establecida.

69. Aprenda de todo aquello que no se alcanzó; fortalezca el diálogo interno.

70. Insista en el crecimiento sostenible del equipo. Decir y hacer lo que se planea desde el primer peldaño, manteniendo la coherencia y la consistencia de las acciones alcanzadas.

71. Hay que estar pendiente de incitar al crecimiento a todos en el equipo. Estas preguntas generadoras pueden ser de utilidad en ese sentido, ¿qué nuevas oportunidades tenemos?, ¿qué nos hará diferentes?, ¿cómo podemos seguir sorprendiendo?, ¿de qué

manera aprovechamos las fortalezas y las debilidades para continuar creciendo?, ¿cómo aprovechamos nuestro mayor potencial?, ¿cómo nos mantendremos alineados y mayormente comprometidos?, ¿cuándo realizaremos una nueva evaluación de resultados: quién lo hará?

Permítale a su equipo crecer, déjelo hablar y asuma la responsabilidad por los resultados y no olvide apelar a la sabiduría de las personas del equipo.

Siempre habrá una oportunidad de crecer, de utilizar todo el potencial de las personas. Solo piense y actúe de manera diferente. Esté seguro de encontrar la mejor forma de hacerlo. ¡Siempre la habrá!

5.4 Cuestión de Liderazgo

Ya hemos visto que el líder de un equipo trata a sus miembros como a una familia. Está a la par de ellos, en sus propios lugares, les enseña y los orienta; les hace saber que son importantes, que para él cuentan. Predica con el ejemplo. Está con su gente, sean cuales sean los resultados: buenos o malos. Mantiene la cohesión del grupo, nadie se siento solo ni aislado; se sienten en familia. Él mantiene muy cerca de ellos, les externa sentimientos positivos. Del mismo modo, los miembros de este equipo manifiestan sus sentimientos con facilidad, dado que se cuenta con un ambiente que lo incentiva a hacerlo.

El buen líder mantiene al equipo unido, esa unión, por su parte, conserva viva la llama de ese equipo. Se busca siempre el bien estar, el bien vivir, el bien sentir. Hay hermandad, fraternidad y compromiso.

Las necesidades que tiene cada persona de mejorar son vistas como oportunidades de crecimiento y se señalan con sinceridad. Al respecto, se da el esfuerzo perfecto de cada uno. En un proceso donde se es posible la realimentación, las personas se complementan unos a otros, las debilidades se convierten en oportunidades de apoyar al compañero. Trabajan juntos. Los más fuertes apoyan a los más débiles. El diálogo es fuerte cuando de ayuda se trata. No hay espacio para la mediocridad, porque –incluso en las debilidades– las fortalezas sobresalen.

Igualmente, prima el respeto por el liderazgo de otros. Se comparte. El diálogo no es sobre el "yo", sino sobre el "nosotros". El equipo logra la unidad en todo en todo momento. Se promueve el respeto por el sentimiento colectivo. Todo lo individual aporta al colectivo.

> Aquél que conoce a los otros es un sabio,
> aquél que se conoce a sí mismo es un iluminado,
> aquél que vence a los otros es fuerte,
> aquel que se vence a sí mismo es poderoso,
> aquél que conoce la alegría es rico,
> aquél que conserva su camino tiene voluntad.
>
> Sé humilde, y permanecerás íntegro,
> inclínate, y permanecerás erguido,
> vacíate, y permanecerás repleto,
> gástate, y permanecerás nuevo.
>
> El sabio no se exhibe, y por eso brilla,
> no se hace notar, y por eso es notado,
> no se elogia, y por eso tiene mérito,
> y porque no está compitiendo, nadie en el mundo puede competir con él.
>
> Lao Tse

En equipos de trabajo así, los líderes abrazan ideales, hermandad, fe, aprendizaje, perfección, compromiso, compasión. Se les pide genuinidad para encarnar esos ideales sin renunciar a ellos. Se enseñan unos a otros sobre el comportamiento de estos ideales y se lucha con fe para conservarlos: compromiso, responsabilidad y esfuerzo perfecto, son los que los llevan a creer más allá de lo que son capaces de ser y de dar.

Estos líderes saben que algunas veces no se alcanza el resultado. Por eso están preparados para enfrentar el reto y para levantarse cuando caen. De ahí la importancia de su esfuerzo perfecto y compromiso. Cuando no alcanzan lo que persiguen, duele. Sin embargo, sienten que están muy lejos de ser perdedores. Es en estos momentos cuando afloran sus valores y la fórmula de equipo:

Claridad: La transparencia se hace sentir, se preguntan qué pasó y hay respuestas claras y puntuales. No esconden ni disimulan eso que no alcanzaron. Se reflexiona y, con base en ello, se toman decisiones; en cada adversidad, descubren de qué están hechos.

Crecimiento: Se enfatiza más en lo positivo. La motivación del líder se hace sentir cuando los demás se percatan de que él acepta que se puede mejorar. Esto da cabida a la evaluación y a la corrección, y se gestiona para recuperar el terreno perdido con base sus fortalezas más que en sus debilidades, las cuales no son potenciadas en este momento.

Se redefine todo lo que hacen. Con ecuanimidad se va en busca del camino trazado.

Autoexigencia: Ante la caída, hacen valer su visión, la repasan, vuelven a soñar. Valoran los comportamientos en función de sus principios. Encienden la flama que los mantiene vivos. Se abren, hablan, dialogan. La comunicación es de vital importancia entre ellos. Les sirve de motivación trazar puentes que unan, que permitan expresar sentimientos y resaltar fortalezas. Convierten esos momentos en los mejores momentos del equipo. Sacan su orgullo, su casta de campeones. Enfrentan los retos como sus oportunidades de mejora.

Inspiración: En los equipos de estos líderes, cada uno expresa sus sentimientos de manera llana, sencilla, honesta y sincera. Su renovación inspira a otros. Miran alto con firmeza. Sus resultados no son por las personas. Están convencidos de que sus resultados son por el equipo. Están comprometidos con la meta, saben que pueden alcanzarla si mueven a otros a hacer, aun en las turbulencias.

Identidad: Un líder de equipo retoma con las personas que lo conforman las razones para estar en ese equipo y no en otro. También, repasan su razón de ser y su responsabilidad en el equipo. Es muy importante destacar al colectivo por encima de la individualidad. Se trata de llevar todo en una misma dirección, contando con cada persona del equipo.

PARA NO OLVIDAR
(mis anotaciones)

PUEDO HACER LO SIGUIENTE PARA QUE MI EQUIPO DE TRABAJO CREZCA…

CAPÍTULO 6

UNA RESPIRACIÓN, UN EQUIPO

Una de sus funciones vitales de todo ser vivo es la respiración. Cada uno tiene diferentes formas de respirar. La clave consiste, entonces, en que cada persona trabaje eficientemente y que las individualidades sumen al colectivo, a su equipo. Hay áreas que todo miembro de un equipo debe tomar en cuenta para poder respirar juntos, entre otros, se pueden citar:

6.1 Coherencia

Debe ser cultivada, en el equipo, por las personas que lo conforman. Actuar con coherencia es cuestión de dignidad. Al predicar con el ejemplo, las personas del equipo serán siempre su principal activo, no hay cabida para la degradación de la persona, desde ningún punto de vista, los logros se alcanzan con las personas, no a través de estas; cuando se pierden las perspectivas, se puede caer en el utilitarismo de las personas de la organización, lo cual puede caer en su degradación. Nunca pretenda imponer un estilo coercitivo que lo lleve a golpear la mesa, a que sus colaboradores se sientan perseguidos; nunca grite a sus colaboradores, maneje un solo discurso, no haga cosas "buenas" que parezcan "malas", que estas personas se sientan inferiores a fin de probar que usted es el jefe, el que manda, la única persona que sabe hacia dónde va, o bien, decir "aquí yo soy el capitán, el director y se hace lo que yo digo".

Por el contrario, cuanto más coherente y humilde se muestre, más le sirve a su gente en el proceso; cuanto más predique con el ejemplo, mayor colaboración, apoyo, confianza y credibilidad obtendrá, por consiguiente, sus resultados también serán mayores.

El buen miembro de un equipo elimina o minimiza las imperfecciones y mejora el desempeño sin destruir la dignidad, es decir, respeta el bien esencial y la valía de ella. Respeta el aprendizaje que va dejando el proceso. No olvide que con respeto genuino, el líder más competente, aprecia el valor real de cada individuo del equipo; estos líderes reflejan el valor que tiene cada colaborador mediante la confianza que depositan en él, con ello contribuye al fortalecimiento de la autoestima de sus seguidores.

El éxito del miembro del equipo se enraíza en la consolidación de la confianza en sí mismo, en cómo la construye, pero también en cómo la cultiva durante esa transición del cambio a la transformación.

Los miembros excelentes salen de su camino para fomentar la confianza en las personas de su equipo; el verdadero poder le deviene del decoro con que los trate. La confianza la construye tanto con los actos como con las palabras.

Dentro de ese marco, se deduce que un buen líder de equipo se concentra en las personas, les ayuda; en su interacción, pone en práctica sus valores y sus principios, ejercita todo su acervo de conocimiento y pensamiento con creatividad y eficiencia. Jamás pierde de vista el norte (la visión transformacional), su filosofía personal y empresarial, la eficacia de sus métodos y los resultados previstos en su empresa, y verifica que las metas se estén cumplimento con apoyo de su equipo de trabajo.

Un líder fomenta el respeto mutuo y construye un equipo de trabajo donde los puntos fuertes se consideran elementos productivos, pero sus debilidades pierden importancia, pues se consideran oportunidades de mejora.

Estamos frente a una nueva mentalidad: de mayor conocimiento, mucho más innovadora y creativa, más crítica, de mayor apertura, más integradora, facilitadora del logro de objetivos comunes. Ahora se trata de motivar a las personas a involucrarse más en la toma de decisiones, es una gestión por, para y con las personas, que nos permite comprender y aceptar la complejidad y la diversidad. Esta última es la fuente de la creatividad.

Las tendencias organizacionales y del liderazgo deben ajustarse a esta nueva mentalidad, la cual debe ser objeto de esfuerzos colectivos, obra común de todas las partes que tienen conciencia de su rol y sus responsabilidades.

Un proceso coherente implica pensar y elaborar juntos el rumbo, es decir, hacia dónde desean ir y cómo llegar más allá de lo trazado. La calidad de los líderes en las organizaciones dependerá de la forma como faciliten el logro de los objetivos de transformación entre sus colaboradores, para lo cual no es necesario que sean superdotados; pero sí hombres y mujeres democráticos, empáticos, asertivos y afiliativos. Son personas con vasta autoridad para tomar decisiones acertadas y con gran apertura para compartir la responsabilidad de esas decisiones con los demás. Aquellos líderes que todo lo hacen, que están metidos en todo, que no facultan a sus colaboradores para dirigir la organización cuando llegue el momento de hacerlo, terminarán desgastados, estresados y con pesar acumulado; no culminará con éxito su gestión transformacional.

6.2 Colaboración y participación

En la práctica cotidiana de un equipo que se enfrenta a un proceso transformacional, el trabajo individual cambió por el trabajo colectivo, destacan la relevancia de la colaboración y la participación para empoderar a las personas. Sin embargo, en muchos procesos he observado que las "islas" siguen en su terreno y siguen "carcomiendo y complicando" estos procesos; la cultura del individualismo, impacta la gestión de los líderes en las organizaciones. Una de las formas para combatirlo es a través del trabajo compartido, el cual, a su vez, signifique momentos convergencia de ideas y que desarrolle sinergia al propiciar la participación de todos, tanto en la ejecución de las tareas como en la toma de decisiones; un trabajo donde no se recurra a las imposiciones y, en cambio, lo destacable sea lograr que las cosas sucedan, valorando el esfuerzo y compromiso más que a otro tipo de interés individual.

En este sentido, el líder, debe tener su propia visión y misión de lo que desea en el proceso de colaboración y participación, conformar su propia agenda con metas específicas por cumplir; ahora bien, si desea asegurarse una efectiva participación, deberá estar presente, de esa manera podrá establecer un adecuado balance de la motivación intrínseca y extrínseca, su ausencia puede tener un efecto contrario. Aclaro, que el buen trabajo se realiza aún sin necesidad de pertenecer a Juntas Directivas o comités.

Muchas veces los líderes no son ejemplo de la práctica de los valores empresariales. No se practica entre ellos la solidaridad, la ayuda mutua y la cooperación. Por eso se requiere de una nueva mentalidad y un nuevo estilo de liderar; ese es nuestro gran reto: *¡TRANSFORMARSE!*

6.3 Gestión de personas

Las tareas de los líderes que emprenden la transformación de una manera más ordenada tienen las siguientes tareas en la gestión de las personas del equipo:

1. Tareas Motivacionales que se distribuyen en relaciones personales e interpersonales de la siguiente manera:

   o Personales: autoconciencia y autocontrol
   o Interpersonales: Empatía, habilidades sociales y motivación.

2. Tareas funcionales: Trabajo en equipo, integración y terreno (presencia).

3. Tareas técnicas: Planificación, dirección, organización y control.

En el ejercicio de estas tareas se concibe al líder como el motor de la realización y la satisfacción en la organización, capaz de mover y equilibrar a las personas para alcanzar los resultados o la transformación deseada. Gestiona mediante acciones orientadas a resultados. Si usted forma parte de un equipo, sin importar el nivel jerárquico, está en la posición para convertir sueños en realidad, para motivar e inspirar a la vez que influye en que las personas perseveren. Está en la posición de crear nuevas formas de trabajo, de innovar y de hacer crecer su organización o comunidad. Está en el lugar donde puede dejar la buena huella, donde se promueve a grandes hombres y mujeres. Está donde se aprende a reconocer la grandeza, un camino que pocos alcanzan.

La gestión del líder en un proceso de transformación está relacionada con la influencia, la inspiración, el contagio y sobre todo la acción de las personas y de la gestión que se realiza en la organización. Como vimos antes no tiene que ver nada con posiciones jerárquicas; tampoco con títulos ni mandos. Liderazgo es toda gestión que realizan los líderes con las personas y las organizaciones para generar el impacto o transformación deseada.

6.4 Tareas motivacionales

La buena gestión de la motivación es responsabilidad de todos en la organización, en mayor medida de los que conducen la transformación organizacional. Aquí se describen en cada una de las tareas campos de actuación que contribuyen a la satisfacción. No son recetas. Desde el punto de vista transformacional, entendemos por motivación algo muy sencillo, sin necesidad de hacer alusión a las teorías motivacionales de Adler, Maslow, Tice o Bandura.

La motivación, dentro de este proceso, es querer hacer las cosas, mover la fuerza interior para actuar de la mejor manera; es el deseo de conseguir algo, de obtener un resultado. Eso que nos inspira a analizar algo, moverlo, cambiarlo y por supuesto transformarlo. Es estar sintiéndose diferente en todo lo que se hace. Hacerse sentir.

Ahora bien, las tareas para conseguir esto están relacionadas, en primer lugar, con el sentir del líder, de la capacidad que tenga para influenciar, inspirar y contagiar a otros. ¿Cuáles son los factores que lo inducen a motivar la transformación en las personas y la organización? Estos factores están relacionados con comportamientos, conductas, actitudes, intereses, valores, y necesidades, también, por las condiciones del contexto en que se desenvuelve ese líder. Está relacionada con el avivamiento del fuego interno de cada uno.

6.4.1 Tareas Personales: autoconciencia y autocontrol

Estas tareas son muy propias, aluden a la intimidad del líder. Se relaciona con la forma como se presenta ante los demás y la imagen que tiene de sí mismo. El cumplimiento de esta tarea viene del fuero interno, de la pasión interior, no la controla nadie más que la misma persona. Esto es así pues la autoconciencia está influida por factores atinentes a la actitud de la persona, sus deseos y sus necesidades. Se requiere de mucha energía y fuerza de voluntad para trasladarse de una condición a otra, de un estado a otro. Es algo que emerge desde su interior, de motivos bien definidos. Es el coraje de creérsela, de saber que la diferencia entre lo posible y lo imposible es del tamaño de su actitud. Esto es parte de la llama que debe arder para poder ayudar a las personas en un proceso de transformación. Debe que medir sus fuerzas para hacer que las cosas sucedan, sencillamente, porque es ineludible. No tiene ninguna relación con acumular poder, se trata de influencia e inspiración.

Además del motivo de ser mejores, un buen líder se asegura de que su actitud sea la correcta. Siempre buscar el "querer", pues a todo "querer" lo sigue un hacer. Convencer a las personas de que es mejor *"querer hacer las cosas"* que *"tener que hacerlas"*. Por consiguiente, es necesario articular nuestras acciones con la motivación de la otra persona para emerja el deseo de trabajar de manera conjunta. Aprender a hacer juntos continúa siendo el principal ejemplo de que si se quiere, se puede y, por tanto, se hace.

Un buen líder aprende a distinguir entre estas dos opciones de hacer que las cosas sucedan, porque cuando no se tienen claras, genera resistencia hacia su manera de hacer que las cosas cambien. Por eso es de vital importancia que el líder analice sus actitudes para motivar hacia la transformación. La coerción no tiene lugar aquí; la restricción tampoco. Nada que cercene la creatividad y la innovación. Deje que las personas piensen y aporten. Descarte con ellas lo que no sirve o no conviene en ese momento. La tarea más bien consiste en favorecer que fluyan cada vez más ideas.

Las personas se vuelven más ingeniosas y creativas cuando ellas mismas sienten que las dejan aportar. Un buen líder facilita este proceso.

El líder tiene la fuerza para mover, hacia el nuevo rumbo, a las personas y a la organización. Esto justifica que sea fundamental desarrollar en las personas el deseo de "querer" en lugar del "tener que" transformarse. Haga que cada persona se sienta parte gestora del proceso de transformación.

Para esto es clave que el líder tenga claro sus propios anhelos. Es más fácil cuando se está seguro de lo que quiere de la vida, de las personas y de la organización. ¿Cómo se hace? Escuche su voz interior. ¡Háblese! Pregunte y haga preguntas. Aprenda que lo que hacemos cobra sentido si trae beneficios para otros. Haga que la fuerza del líder sea una con la de otros, podrá ver entonces solo resultados.

Refuerce la autenticidad. Saber de qué está hecho usted, como persona y como líder, con base en las experiencias de toda la vida, en sus estados de motivación y en lo que orienta su acción. El líder tiene que ser coherente con lo que dice y lo que hace. Lidere la transformación basada en la confianza. Enfóquese en las personas. Ejercite todo su acervo cultural y su experticia de forma creativa y eficiente.

A propósito de la revisión que el líder hace de sí mismo, este es un atributo característico de aquellos líderes que producen efectos extraordinarios en sus seguidores a través de su influencia personal, en contraste con los que basan su liderazgo en una motivación más restrictiva.

Contrario a lo que se acaba de exponer es lo que ocurre con un autocontrol restrictivo, que genera temor, rechazo, incertidumbre y resistencia. Preste atención a la resistencia y quién la genera, no lo que la genera. La transformación en sí no es resistencia. La resistencia deviene de quienes la propician, ¿por usted mismo tal vez? Cuando hay restricción o coerción "tener que", no se disfruta la transformación. Impide hacer las cosas que se desean hacer. Cuando un líder comienza a empujar a las personas hacia algo que no desean, automáticamente, generará resistencia y, con ella, habrá desgaste. Fuerzas negativas fluyen, la motivación se evapora y se pierde la capacidad de actuar por iniciativa propia; pierden su sentido de pertenencia y sienten poca necesidad de dar cuenta de su rendimiento. Algunos se resienten hasta tal punto que adoptan una actitud de "no voy a ayudar en este proceso".

Sobre este mismo tema, hace poco tiempo viví la experiencia con un equipo de ejecutivos cuya gerente acababa de ocupar el puesto. Dentro de este equipo, también, se encontraba una persona que había sido postulada para este puesto, pero que no resultó electo. Cuando la nueva gerencia comenzó con el proceso de transformación, se sintió en el equipo la resistencia de este colaborador. Al respecto, la posición de la gerencia fue aislarlo y no tomarlo en cuenta para la definición de la nueva visión de su departamento. El asunto llegó al límite de que este colaborador dejó de saludar a los otros, inició un boicot contra las tareas que debía coordinar con los miembros de su departamento.

Consecuentemente, surgieron enfrentamientos y la resistencia ya generaba conflictos. Todo esto fue reforzado por un estilo de liderazgo autoritario, era evidente que el líder, además, carecía de habilidades para crear puentes de comunicación que condujeran a la resolución del conflicto; tenía las mejores intenciones pero no gestionaba adecuadamente el proceso de transformación. Como era de esperarse, había que intervenir, así que se inició un proceso de desarrollo de equipos y se determinó una visión compartida, la cual se definió de la siguiente manera: "Somos un equipo innovador con liderazgo institucional, con buena comunicación, relaciones positivas, éticas, comprometidas, capacitadas y con conocimiento técnico. Somos eficientes en el uso de los recursos, competentes, motivados y de alta credibilidad".

Entre todas las personas del equipo determinaron las conductas que eran buenas –replicables– y las que no contribuían a alcanzar esa nueva visión. Aunado a lo anterior, se determinaron los estilos de liderazgo de las personas que tenían tareas de jefatura dentro del departamento y la forma ideal para alcanzar los objetivos como equipo. Los valores se constituyeron en la base de la conducta de sus miembros.

Los resultados no se hicieron esperar. La fuerte y constructiva retroalimentación alineó a todas personas en torno a una visión y resultados conjuntos. Se limaron asperezas y, hoy, gozan de un buen ambiente organizacional.

Como puedes observar, las tareas personales están determinadas por las actitudes, los comportamientos y el carácter, en otras palabras: inteligencia emocional y social. También, se relacionan con el estilo de liderazgo del líder y con su propia autoestima. La manera como este se perciba a sí mismo incidirá en la forma de relacionarse con los demás; mientras más elevada sea su autoestima, mayor autorregulación y autocontrol podrá ejercer, lo cual, a su vez, redundará en el desarrollo de ambientes organizacionales más saludables y constructivos.

6.4.2 Tareas Interpersonales: Empatía, habilidades sociales y motivación.

Las tareas interpersonales son el ámbito de acercamiento del líder con las personas. Por tanto, este debe saber cómo comportarse para ganar la confianza y la credibilidad de los demás. Es esencial que exhiba empatía y pasión por servir, aunque sin perder de vista los resultados.

Por medio de las buenas relaciones, la empatía y la habilidad para comunicar las ideas se eleva la dignidad y la autoestima de aquellos a quienes se lidera, lo cual es fundamental para el desarrollo de la persona y para el logro de los resultados de la transformación organizacional.

Cuando hay respeto en las relaciones, aumenta la sensación de "bien estar", ello incide en la producción y en la calidad de todos los procesos. Asimismo, cuando hay integridad y transparencia en la interacción de los colaboradores y los líderes, se desarrolla la capacidad de conectarse con una transformación más auténtica. El ser auténtico en el trato con las personas es crucial, de igual modo lo es el practicar la empatía con aquellas personas que se resisten a la transformación –o bien– se mantienen escépticos ante ésta.

6.5 Tareas Funcionales: terreno (presencia), comunicación y emprendedor.

El liderazgo es la gestión del líder, relacionada con la influencia que ejerce entre sus seguidores para que, desde su interior, se dispongan voluntariamente a trabajar esforzadamente en pro de la obtención de los objetivos de la organización. Se expresa en la forma como este se relaciona con los demás, la habilidad que tenga para construir confianza, desarrollar la empatía y la manera como moviliza, inspira y contagia a otros para alcanzar los objetivos de la transformación organizacional.

Hay un fuerte énfasis en el liderazgo de servicio que da valor a cada contribución de las personas en un proceso de transformación. Lo fundamental es determinar cómo se ayuda a otros dentro del proceso de transformación organizacional.

6.5.1 Tareas en el Terreno (presencia)

Las tareas del líder en el terreno se relacionan con el tema de la cercanía que establece este entre sus tareas y las personas. Estar presente significa caminar a la par de los colaboradores y ser ejemplo de participación en diferentes actividades; es servir de enlace con personas de otras unidades u organizaciones.

Estos líderes buscan estar presentes y entrar en contacto en varios ámbitos: en lo emocional, lo administrativo, lo legal, lo económico y lo social –en este sentido– todo lo atinente a la representación de la organización y a la interacción con las personas. Sirve, además, para entrar en un proceso de retroalimentación con sus colaboradores, de manera que estos le puedan reflejar aquellos aspectos que puede fortalecer o mejorar. Consecuentemente crece la confianza.

6.5.2 Tareas de Comunicación

Uno de los peores errores que pueden cometer los líderes, en un proceso de transformación, es la falta de comunicación. La Transformación se legitima por las palabras y las acciones. La comunicación contribuye a que todo fluya. Se trata de que un líder se comunique con las personas, las une en torno a una visión o al propósito de la organización. Una buena comunicación entre líderes y seguidores conduce hacia el logro de metas más altas, al aumento del desempeño y a la construcción de un ambiente productivo. Posibilita que todos sientan que están en el mismo barco.

Las acciones de comunicar e informar se relacionan en la medida que el líder monitorea las actividades para detectar problemas y oportunidades, difunde esa información dentro de la organización y es portavoz fuera de esta. Es clave que este líder tenga un modelo de comunicación asertivo y determine la mejor forma de comunicarse y estar informados.

Los líderes desempeñan la función de enlace al interactuar con personas externas a la organización. Ser enlace significa crear toda una red de contactos para fomentar la comunicación y las relaciones de manera oral, mediante correo de voz, conversaciones personales y reuniones de equipo. Existen enlaces por escrito, que se llevan a cabo mediante correo electrónico o servicio postal. Una de las grandes responsabilidades de conducir esas acciones se debe a que, por medio de la comunicación, por ejemplo, se procuran y promueven espacios de conversación, que, a su vez, generen coordinación de acciones y diálogo con otros. En su equipo, área o unidad las buenas comunicaciones internas fortalecen la sinergia natural del equipo, de la organización; optimizan y multiplican su capacidad creativa e innovadora.

Hay claridad en que la comunicación interna conecta a los colaboradores con la misión, la visión y los valores institucionales, lo cual es sinónimo de alineamiento estratégico. Por este medio, se establecen reuniones periódicas para discutir los temas que son relevantes para los colaboradores y para el equipo de trabajo, así como para atender a los miembros de la organización.

La comunicación interna da visibilidad a la transformación y a las buenas prácticas generando presencia de liderazgos positivos. La retribución a la gestión y los reconocimientos colectivos están abocados a conseguir una estabilidad en el área.

La comunicación que existe entre personas de puestos similares facilita el logro de los objetivos, las metas y las acciones conjuntas. Es clara y abierta para, de esa manera, generar espacios de apertura y participación colectiva.

La comunicación interna también cumple un papel formador y educativo, lo cual facilita que los miembros -además de alcanzar el logro de los objetivos- aprendan a aprender y a desaprender, a construir los diálogos que experimentan diariamente.

6.5.3 Tareas de emprendedor

Un líder emprendedor es aquella persona orientada a crear y a obtener resultados, capaz de ver algo nuevo, organizar los recursos, negociar y asumir un riesgo para hacer realidad sus sueños. Como todo proceso de transformación, requiere de personas orientadas a la innovación y a la mejora. Un líder emprendedor en los procesos de transformación:

- ✓ Denota un conjunto de características que hacen actuar a una persona de una manera determinada.
- ✓ Desarrolla competencias para visualizar, definir y alcanzar objetivos.
- ✓ Es una persona que huye de rutinas y prácticas aceptadas por la mayoría.
- ✓ Crea e innova, siempre hace cosas diferentes.
- ✓ Se sale de la costumbre y hace cosas diferentes para mejorar lo existente.
- ✓ Hace negocios exitosos, desarrolla nuevas ideas o nuevas formas de enfocar el mercado.
- ✓ Hace uso óptimo de los recursos disponibles y sabe utilizarlos en combinaciones que maximizan un resultado.
- ✓ Agrega valor a cualquier proceso o actividad.

✓ Desarrolla o elabora un nuevo concepto de su negocio.
✓ Aprovecha sus habilidades para detectar y resolver problemas,

Funciones técnicas

Esta tarea del líder consiste, en general, en mediar para que los procesos de transformación se lleven a cabo con una adecuada gestión administrativa, que permita su dirección acorde con lo planificado. Asocia el liderazgo con el apoyo que, desde el punto de vista de la administración, se da a un proceso de este tipo en su conjunto.

Planificación

La tarea del líder consiste en facilitar que la organización o el equipo cuenten con una estrategia clara, plasmada en un plan estratégico, en planes operativos o en acciones específicas. En esta etapa, se define la visión, la misión, los valores y las estrategias; además, se fijan los parámetros de medición, evaluación y seguimiento de los planes.

Dirección

El papel del líder consiste en gestionar la organización como un todo. Personas y recursos se unen, se determinan las tareas por hacer, quiénes las realizan, cómo se agrupan, cuándo se hacen, quiénes le rinden cuenta a quién y dónde se toman las decisiones.

Organización

Esta tarea consiste en motivar a los colaboradores e influir en las personas y en los equipos mientras hacen su trabajo; en elegir el mejor canal de comunicación y ocuparse – de cualquier otra manera– del comportamiento de los colaboradores, mediar en la resolución de conflictos. Se conoce con precisión de qué manera están organizadas las personas y los procesos.

Control

Es una labor relacionada con el seguimiento, la supervisión y el control de todas las actividades y el desempeño de la organización y de las personas. Hay que elaborar y ejecutar un buen proceso de retroalimentación por medio de evaluaciones periódicas de los resultados de los planes, objetivos y metas. Un buen líder promueve la rendición de cuentas, la transparencia.

El líder debe saber que la transformación es un fenómeno social que ocurre en diversos contextos, varía tanto en su magnitud como en la la manera de manifestarse. La transformación ha sido y es inherente a la sociedad y al hombre, desde el mismo inicio de su existencia; aunque sucede diariamente, las personas no pueden asumir sus repercusiones tan rápido y sin que les genere algún tipo de sufrimiento.

Finalmente, para recorrer la transición de la transformación, se sugiere que todo líder, facilitador o responsable de un proceso de ese tipo comience por:

1. Entender el porqué de la transformación y asuma su propia transición.

2. Visualizar la situación sistémicamente, entendiendo el todo, sus partes, las interrelaciones existentes entre dichas partes involucradas, y el impacto que una decisión puede generar en el resto del "sistema" objeto de transformación.

3. Reconocer que la resistencia a la transformación organizacional es una verdad a medias: muchas empresas u organizaciones se aferran al paradigma de la resistencia para justificar de antemano el fracaso de las cosas que hay que mejorar o hacer nuevas. La resistencia es una reacción natural, predecible y humana. Si hay resistencia, el líder no manejó adecuadamente el proceso.

> El líder no tiene por qué saber todo o de todo. Es mejor decir no sé que intentar hacerlo todo sin éxito.

4. Aceptar reacciones de toda índole, al menos en una primera etapa. Si no hay reacción en un proceso de transformación, no hay evolución. La gente reacciona cuando percibe que algo está cambiando, mejorando o haciéndose nuevamente. La resistencia, adecuadamente canalizada, siempre suma.

5. Minimizar, tratar – no ignorar - el impacto emocional que toda situación de transformación genera.

6. Acortar al máximo posible el período de transición, suministrando información acerca de la marcha del proceso, generando *coaching* o *mentoring* y compartiendo, por qué no, la incertidumbre. El líder no tiene por qué saber todo o de todo. Es mejor decir no sé, que intentar hacerlo todo sin éxito.

7. Comprender que las personas no son artefactos que cambian en una fracción de segundo de un estado al otro ("ON/OFF" y viceversa), sino que requieren su tiempo y habrá que acompañarlas en ese camino, a través de capacitación formal o informal, trabajo en equipo, foros de discusión, sesiones de "coaching" o "mentoring", creación de una estructura de mentores, entre otros.

8. Aprender de los errores, es vital que se tenga claro cuál es la forma como se van a tratar los errores para que los conflictos queden neutralizados hasta donde sea posible. Cuando las personas tienen claridad de lo que implica un proceso de transformación, los errores son la norma y no la excepción; cuando esto sucede se cuenta con un método de aprendizaje para tratar esos errores a favor y no en contra, se genera mayor confianza y credibilidad en el proceso.

9. Establecer un proceso fuerte de retroalimentación en todas las vías posibles. La transformación requiere de tratamiento y de firmeza. Si no estamos haciendo las cosas como se debe, se requiere de la retroalimentación para seguir el camino trazado.

Para gestionar la transformación –exitosamente– hay que inducir una mayor participación de la gente, al fin y al cabo, es ella la que puede hacer que la transformación ocurra y aunque se puede oponer resistencia -y de hecho es algo que casi siempre ocurre- ésta puede utilizarse para bien si se logra comprender por qué se presenta.

10. Controle el proceso. Es importante que se controle o evalúe el proceso de transformación. Determine fechas para hacer un alto en el camino y tomar acciones correctivas. No solo evalúe el proceso, también tome en cuenta la gestión de las personas.

> El gestor de la transformación debe ser líder, tener visión amplia, comunicación fluida y más que nada capacidad para inspirar a su gente, porque debe comprender que aunque es el líder no tiene consigo todas las soluciones y es la gente que lo rodea la que puede hacer la transformación.

De los resultados

Como parte de los principales desafíos que enfrentan los líderes en el proceso de transformación organizacional se encuentran:

1. Hacer que la transformación funcione. Para ello el líder deberá:

   - Desarrollar una visión compartida de organización y administración para alcanzar la competitividad
   - Fomentar el consenso respecto a la nueva visión, la competencia para ejecutarla y la cohesión para impulsarla
   - Difundir la rehabilitación a todos los departamentos, sin presionarla desde la cumbre.
   - Institucionalizar la rehabilitación a través de políticas, sistemas y estructuras formales.
   - Monitorear y ajustar las estrategias para responder a problemas en el proceso de rehabilitación.

Empodérese y tome el control

Empoderarse significa, en esencia, tomar el control de su propio destino; eso incluye la propia carrera, los asuntos familiares, financieros, sociales, recreativos, espirituales, laborales y de la comunidad. Este es un proceso para permitirse ser y pensar de una manera diferente; actuar, controlar y tomar decisiones de manera autónoma. De esta manera, se incrementan las creencias positivas acerca de uno mismo.

Las personas que se empoderan sienten la responsabilidad de crear siempre buenos ambientes y de promover su propio crecimiento y desarrollo, con ello provocan un impacto positivo, ante todo, en sí mismos. Las personas *"empowered"* se dan cuenta de su propio potencial, sus habilidades y actitudes de manera integral y, por tanto, son más propensos a buscar retos y a sobresalir entre las demás, al desarrollar sus competencias al más alto nivel. Algunas de las competencias que este tipo de personas ponen en práctica son la empatía, la autoestima, la confianza, la concentración, la apertura a la experiencia, la autoeficacia, la iniciativa personal, la energía, la negociación, la creatividad e innovación, las habilidades en gestión del tiempo, la comunicación y las relaciones interpersonales.

El aprendizaje continuo y su desarrollo es esencial en este tipo de empoderados, por lo tanto, se requiere de mucha iniciativa personal y un buen ritmo de trabajo. A propósito de éste, los empoderados tienen un perfil lleno de vitalidad y energía, dedicación y motivación intrínseca, así como un alto grado de rendimiento en su trabajo, que sobrepasa los estándares establecidos.

Ahora bien, estas personas se verán reforzadas cuando en la organización exista un clima laboral óptimo, sumamente productivo; asimismo, cuando se refuerzan en él equipos de trabajo saludables.

Entonces… ¿es usted una persona empoderada para la transformación?

Para finalizar, he vuelto a cumplir con mi misión de no dejarme nada, de entregarlo todo, al mismo tiempo que abro una nueva página en mi vida para iniciar un nuevo reto, dado el impredecible mundo en que vivimos hoy. Este mundo me reta y está lleno de seres humanos alegres, complicados, falibles, ilógicos, ordenados y desordenados, emprendedores e innovadores que hacen que la vida y el trabajo sean fascinantes.

Espero que alguna de estas ideas le sea de utilidad para que se sintonice con las señales que nos están enviando acerca de la necesidad de crear un mundo mejor. Asumamos la responsabilidad de ser los mejores líderes para todos aquellos que nos dan la oportunidad de servirles.

Cualquiera sea la naturaleza de su actividad, conéctese con las personas, eso es vital; pero recuerde que, también, es de vital importancia que encuentre el mejor camino para hacerlo.

> "La diferencia entre lo posible y lo imposible
> es del tamaño de su actitud".
> Abel Salas

ANOTACIONES FINALES
PARA NO OLVIDAR
MIS ACCIONES INMEDIATAS SON ...

EPÍLOGO

Siempre estoy atento a lo que me pueda hacer seguir creciendo personal y profesionalmente. Si uno está abierto, aprende de todo y de todos. En mis primeras lecturas sobre liderazgo y trabajo en equipo, una cosa me quedo muy clara: todo sirve. No deseches nada. Pon atención al todo. Si en esa búsqueda que uno siempre hace en cursos, charlas, lecturas, UNA cosa queda, ya valió la pena todas tus horas volcadas a esa vivencia.

Conozco a Abel Salas hace bastante tiempo. El conecte con él fue inmediato. Además, a ambos nos une la pasión por el fútbol y un color... Y, sobre todo, desde el comienzo de nuestra amistad, una enorme curiosidad por saber y conocer cómo es que cada uno ha manejado grupos humanos hacia el máximo rendimiento. En mi caso, sobre todo, en el futbol, aun cuando mi bagaje deportivo incluye incursiones en el alto nivel como jugador en baloncesto en Costa Rica, principalmente.

Abel, como buen líder y gestor de grupos humanos, sabe y le encanta escuchar. A partir de ahí, hemos ido intercambiando experiencias de éxitos y fracasos, que nos han ayudado para seguir -como me gusta decir- reinventándonos.

Recuerdo claramente la primera vez que me pidió que le revisara sus conversaciones con un estadounidense, un entrenador "top" de natación. "Guima, dale una ojeada a esto y luego me decís que te parece por favor". No sé si lo hacía para constatar si realmente mi gusto por la lectura llegaba a tanto. Obviamente, lo leí todo. A final de cuentas, los entrenadores nos nutrimos muchísimo de experiencias de cualquier deporte, ya sea este colectivo o individual.

Así que cuando hace unas semanas atrás, me llamo para volver a vernos y charlar, me mostró su nuevo libro: Líder, despierte, actué y transfórmese. Léetelo y me decís que tal", dijo nuevamente.

¡Imperdible! Guardiola acostumbra mucho incentivar a sus jugadores en el aprendizaje de su modelo de juego, a un término que lo quiero rescatar para entrarle a la lectura del nuevo libro de Abel, "viajar juntos".

Acá, usted, lector va encontrar un cúmulo de aportes, experiencias y vivencias personales; conocimientos que estoy seguro le van a ayudar a entender mejor de lo que se trata ser un líder, como dice el autor, transformador, y las premisas para que un trabajo de equipo sea eso, un colectivo en permanente ayuda, en búsqueda de la excelencia.

¿Quién encuentra a quién primero: el líder al equipo o el equipo al líder? Cómo cada quien, cada parte, se va conociendo, encontrando y retando, hasta ser una sola unidad, es de las cosas más apasionantes en el desarrollo del proceso de un grupo humano. Y acá, usted podrá ir identificando muy bien de qué está hecha la coraza del líder, y cuál es su trascendencia dentro de un equipo para activar el motor interno de cada uno de los integrantes de este.

Cada etapa está bien planteada. Cada punto es importante para ir identificando dónde estoy parado con mis auxiliares, jugadores, jefes y entorno. El líder siempre está "durmiendo con la espada al lado". Si realmente ha ido construyendo un equipo, jamás dormirá con el enemigo. Para ello, usted, en su lectura, reconocerá situaciones nuevas o ya vividas, pero siempre importantes para guiarlo hacia el máximo rendimiento.

Todos los que estamos en esto del liderazgo y del trabajo en equipo siempre deseamos un equipo ideal para alcanzar nuestras metas. Eso no cae del cielo. Es fruto de muchas horas de dedicación y de trabajo con un objetivo y una visión clara: Tocar el cielo a través de nuestro performance. Para reafirmarlo cierro con una frase del autor: "La diferencia entre lo posible y lo imposible depende del tamaño de su actitud".

Una vez más, Abel me ha sorprendido con este nuevo libro. Déjese ir y verá que su lectura ha valido la pena.

Alexandre Borges Guimaráes

Printed in the United States
By Bookmasters